QUILOMBOLAS

Resistência, História e Cultura

João Bernardo da Silva Filho
Andrezza Lisboa

IBEP

© IBEP, 2012

Diretor superintendente	Jorge Yunes
Gerente editorial	Célia de Assis
Assistente editorial	Erika Nascimento
Revisão	Berenice Baeder
	Luiz Gustavo Bazana
	Andre Odashima
Coordenadora de arte	Karina Monteiro
Assistente de arte	Marilia Vilela
	Tomás Troppmair
	Nane Carvalho
	Carla Almeida Freire
Coordenadora de iconografia	Maria do Céu Pires Passuello
Assistente de iconografia	Adriana Neves
	Wilson de Castilho
Produção gráfica	José Antônio Ferraz
Assistente de produção gráfica	Eliane M. M. Ferreira
Projeto gráfico	Departamento de Arte Ibep
Capa	Departamento de Arte Ibep
Editoração eletrônica	Departamento de Arte Ibep

CIP-BRASIL. CATALOGAÇÃO-NA-FONTE
SINDICATO NACIONAL DOS EDITORES DE LIVROS, RJ

Silva Filho, João Bernardo da
   Quilombolas : resistência, história e cultura /
João Bernardo da Silva Filho, Andrezza Kelly Lisboa
Fernandes Pinto . -- São Paulo : IBEP, 2012.

   ISBN 978-85-342-3498-6

1. Escravos - Brasil - Insurreições, etc.
2. Quilombos - Brasil - História
I. Pinto, Andrezza Kelly Lisboa Fernandes II. Título.

12-13815   CDD-981

Índices para catálogo sistemático:
1. Brasil : Escravidão : História 981
2. Escravidão : Brasil : História 981

1ª edição – São Paulo – 2012
Todos os direitos reservados

IBEP

Av. Alexandre Mackenzie, 619 - Jaguaré
São Paulo - SP - 05322-000 - Brasil - Tel.: (11) 2799-7799
www.editoraibep.com.br   editoras@ibep-nacional.com.br

CTP, Impressão e Acabamento
IBEP Gráfica

O tráfico atlântico de africanos foi um grande empreendimento comercial que marcou a formação do mundo moderno. Estima-se que o Brasil tenha recebido perto de 40% do total de africanos escravizados entre os séculos XVI e XIX. Por mais de 300 anos os africanos e seus descendentes constituíram a principal força de trabalho nas plantações, nas minas, nas manufaturas e em outros ofícios Diferentes povos africanos influenciaram sensivelmente a construção cultural brasileira: nas práticas agrícolas, na culinária, na religião, na linguagem, na música e nas artes. Enfim em nosso modo de ser.

Os africanos e seus descendentes nunca aceitaram a escravidão, resistindo de várias maneiras. A mais frequente foi a fuga individual ou em grupo. Muitos fugidos procuravam misturar-se à massa escrava e de negros livres dos centros de maior população em busca de anonimato. Outros formavam quilombos ou mocambos, palavras que, em língua banta, significam acampamento. Os quilombos não existiam isolados, perdidos no alto das serras, distantes da sociedade escravista. Situados em lugares protegidos, os quilombolas viviam próximos a engenhos, fazendas, lavras, vilas e cidades. Mantinham redes de relacionamento com outros escravos, negros livres, donos de vendas e mesmo brancos de quem recebiam informações sobre movimentos de tropas.

A ideia de que os quilombos foram apenas reduto de negros em defesa da liberdade é reducionista frente a estudos atuais. Estes espaços também representaram a existência de uma sociedade alternativa que, ainda hoje, guarda muito da riqueza cultural da matriz africana presente no Brasil.

Os autores

SUMÁRIO

Introdução — 6

A influência africana no Brasil — 10

Africanos e crioulos: escravização e resistências — 27

Comunidades quilombolas – um passado reconhecido — 47

Manifestações e práticas culturais entre os quilombolas — 69

Referências bibliográficas — 90

Depois de ler — 92

INTRODUÇÃO

> Quando assumimos voluntariamente
> o que nos condiciona, transformamos
> estreiteza em profundidade.
> (Guerreiros Ramos)

A formação da sociedade brasileira fundamentou-se em encontros desiguais, envolvendo dominação, conflitos e trocas culturais. Para torná-la produtiva, prevaleceu o uso da mão de obra indígena e africana como força de trabalho. Os africanos foram importados em número superior a quatro milhões até a segunda metade do século XIX. Por mais de três séculos, africanos e seus descendentes estiveram presentes em atividades produtivas e de prestação de serviço na condição de escravos ou libertos.

A resistência contra a escravidão, desde os primeiros tempos, foi constante, sendo comum a reação contra a escravização tanto no campo como nas cidades. Algumas das formas de reação contra o poder e a opressão dos senhores eram: fazer corpo mole no trabalho, quebrar ferramentas, incendiar plantações, rebelar-se individual e coletivamente contra os senhores e feitores e a negociação de espaços de autonomia. A resistência mais singular, porém, contra a condição de serem escravizados foi a fuga individual e em grupos. Assim, as articulações mais variadas eram tramadas para fugir e formar comunidades de resistência. Essas comunidades, ao contrário do que muito se interpretou, não formavam ilhas de rebeldia, mas perpetuaram pela interação e formação de redes de relacionamento de parentesco, a amizade com negros livres e cativos, com determinados grupos de indígenas e até mesmo com alguns senhores e donos de vendas, com quem negociavam alimentos, armas, munição e outros produtos. Esses acampamentos ficaram conhecidos como quilombos e se espalharam pelo Brasil, tornando-se núcleos socioculturais em múltiplas localidades em busca de segurança, relações de igualdade, de liberdade e de acesso à terra.

Na última década do século XIX, a escravidão foi abolida. Os quilombos continuaram existindo e, devido à permanência das desigualdades sociais fundamentadas em níveis de riqueza, eles se encontravam distantes das propostas de políticas de integração social e econômica.

A partir dos anos de 1980, em um cenário globalizado no qual se defendia a unidade em defesa de interesses capitalistas, desenvolveram-se constantes movimentos sociais de valorização de identidades, de segmentos sociais e de respeito às diferenças. Cada vez mais, contradizendo as políticas globalizantes, passou-se a presenciar o deslocamento de interesses da sociedade civil para os movimentos sociais em busca de espaços para reivindicação e de respeito a todos os indivíduos da sociedade.

O Brasil não esteve alheio a essas mudanças. Após 21 anos de governo ditatorial militar, posto fim ao rodízio de generais na presidência, em 1985 estabeleceu-se um governo democrático. A elaboração de uma nova constituição foi necessária para revogar o muito que ainda restava da legislação ditatorial. Um congresso constituinte se reuniu no período de 1987-1988 para reorganizar o Estado brasileiro. O objetivo era criar uma constituição democrática para servir aos vários segmentos da sociedade brasileira. A atuação de deputados federais e senadores constituintes traduziu-se na popularidade que passou ter a palavra cidadania. Todos acreditavam que com o estabelecimento de um estado democrático estariam garantidos os direitos de liberdade, segurança, desenvolvimento, emprego e justiça social. (CARVALHO, 2001).

A Constituição de 1988 deveria refletir o sentimento cívico dominante na época, tanto assim que ficou conhecida por "Constituição Cidadã", ao ampliar os direitos sociais como nenhuma outra na história do Brasil. A Constituição, ao valorizar os direitos sociais, pôde aproximar o governo de sua base de legitimidade, que é o povo. Assim, depois de um histórico domínio das elites, o Brasil convive hoje com instituições que procuram realizar políticas sociais para tornar a cidadania uma prática generalizada, perseguindo meios para proporcionar dignidade a todo o brasileiro. (COSTA, 2008).

Ao acolher os direitos sociais, expressos no título II da Constituição (Dos direitos e garantia fundamentais), os deputados federais e senadores privilegiaram o direito à libertação da opressão social. Outro ponto importante para a realização do processo democrático foi o dos direitos culturais presentes no artigo 215, cuja base de legitimidade se encontra no povo. Em seguida, o artigo 216 define os conceitos de patrimônio material e imaterial:

> Constituem patrimônio cultural brasileiro os bens de natureza material e imaterial, tomados individualmente ou em conjunto, portadores de referência à identidade, à ação, à memória dos diferentes grupos formadores da sociedade brasileira, nos quais se incluem: I – as formas de expressão; II – os modos de criar, fazer e viver; III – as criações científicas, artísticas e tecnológicas; IV – as obras, objetos, documentos, edificações e demais espaços destinados às manifestações artístico-culturais; V – os conjuntos urbanos e sítios de valor histórico, paisagístico, artístico, arqueológico, paleontológico, ecológico e científico. Parágrafo 1º - O Poder Público, com a colaboração da comunidade, promoverá e protegerá o patrimônio cultural brasileiro, por meio de inventários, registros, vigilância, tombamento e desapropriação e de outras formas de acautelamento e preservação. Parágrafo 4º -Os danos e ameaças ao patrimônio cultural serão punidos, na forma da lei. (BRASIL, 2012).

Diante dessas mudanças na Constituição, a sociedade brasileira tem presenciado movimentos representativos de diversos segmentos sociais, em defesa tanto da inclusão social, quanto da econômica. Nesse contexto, deparamos com as populações remanescentes de quilombos que, com o tempo, se transformaram em sociedades alternativas e, hoje, reivindicam direitos e atenção por parte do governo brasileiro. Assim, percebe-se atualmente que, ao contrário do isolamento, os inúmeros quilombolas, em várias regiões, acabaram por influenciar e modificar a sociedade dos senhores e dos que permaneciam escravos.

Historicamente, os africanos foram sujeitos da construção do Brasil, atuaram com uma experiência cultural milenar, em todos os setores da economia produtiva e doméstica, e contribuíram na religião, na linguagem, na música e nas artes para a formação da cultura brasileira.

Mais do que reaparecer na Constituição de 1988 como categoria de acesso a direitos, as localidades povoadas com o predomínio de afrodescendentes, os quilombolas, precisam ser conhecidas e respeitadas por representarem um patrimônio de nossa formação. Esse respeito só se realizará pelo conhecimento do que eles representam para o entendimento de nossa identidade.

A INFLUÊNCIA AFRICANA NO BRASIL

> Quando o barco ancorou, muitas pessoas se aproximaram falando a língua do Brasil, que, para mim, continuava parecendo mais música do que qualquer outra língua que eu já tinha ouvido. Alguns brancos acompanhavam um ou outro desembarque, mas a grande maioria era de pretos como nós, com tons de pele e aparências tão diferentes uns dos outros que eu imaginava ver uma África inteira em um só lugar [...]
> (GONÇALVES, 2006. p. 65).

O tráfico de africanos

Bem antes das conquistas de Portugal e Espanha na costa ocidental africana e na América, europeus e árabes já negociavam escravos na região norte da África. No século XIV, portugueses e espanhóis procuraram se livrar dos intermediários árabes no comércio de mercadorias, incluindo escravos, na região. A preocupação em ter uma maior autonomia comercial levou os portugueses a se estabelecerem em ilhas da costa ocidental africana. A primeira feitoria foi a de Arguim, na costa da Mauritânia, em 1445. Três décadas depois foi fundado o Castelo de São Jorge da Mina – também conhecido como Elmina ou simplesmente Mina – na Guiné, no litoral do atual estado de Gana. (WALDMAN & SERRANO, 2008. p. 188).

A presença de mercadores e traficantes portugueses tornou-se constante, inclusive atuando como intermediários nas negociações de escravos.

Antes da inauguração do tráfico transatlântico compravam em uma região para vender em outra. Africanos que chegaram à Europa por meio dessas transações tornavam-se, geralmente, escravos domésticos como acontecia no Oriente Médio entre os muçulmanos.

Entre 1520 e 1530, o comércio negreiro na costa ocidental africana fez da Ilha de São Tomé um ponto estratégico para a circulação de escravos que eram encaminhados para o entreposto de São Jorge da Mina. Nesse entreposto, realizavam-se negociações nas quais o escravo era a principal moeda de troca. As cargas de escravos vindos das regiões do Benin e do Congo também serviam aos plantadores de cana-de-açúcar nas ilhas da costa africana.

No início do século XVI, com a chegada dos europeus à América, tiveram início as importações de africanos como força de trabalho. A utilização do africano começou em pequena escala, somando-se aos trabalhadores europeus "contratados". Em pouco tempo, eles se tornaram a mão de obra principal e quase exclusiva nas áreas de produção agrícola.

Nas colônias da América do Sul organizou-se o comércio de negros como um autêntico sistema dominado pelos europeus. Durante quatro séculos esse comércio mobilizou traficantes que se relacionavam com os chefes africanos tanto no litoral atlântico como na "costa oriental", no litoral do Oceano Índico.

O lucrativo comércio negreiro levou outras nações europeias a buscar participação no tráfico. Devido à pioneira presença de portugueses no litoral atlântico, esse país conservou uma significativa posição no tráfico de escravos. Portugal controlava o comércio negreiro em pontos estratégicos do litoral africano e tinha na colônia Brasil uma extensa empresa agrícola e mineradora, que sempre demandou um grande número de mão de obra.

A Inglaterra, a Holanda, a França e outros estados como a Dinamarca, a Suécia e cidades livres alemãs também fizeram parte do comércio de negros, com a atuação de indivíduos e companhias de comércio.

Os holandeses, a partir da **União Ibérica**, investiram contra os domínios portugueses na África e no Brasil passando a ter acesso ao comércio de escravos por meio da Companhia das Índias Ocidentais.

Na América portuguesa, a chegada do africano deveu-se às características do capitalismo e à importância comercial do elemento africano como mão de obra, além das dificuldades de adaptação do indígena para o trabalho nos engenhos. As crescentes demandas por mão de obra escrava nas plantações açucareiras a partir do século XVI e na mineração aurífera dos séculos XVII e XVIII levaram à liderança portuguesa no tráfico e à chegada de levas de africanos ao Brasil nesses períodos.

A chegada dos primeiros africanos se deu por volta de 1549, desembarcados na capitania de São Vicente. D. João III concedeu autorizações a fim de que cada colono importasse até 120 africanos para as suas propriedades. A consolidação da economia colonial intensificou o tráfico para o Brasil, especialmente para o Nordeste, onde a economia de base agrícola se concentrou e floresceu com o cultivo da cana-de-açúcar.

Em 1586, estimativas identificam uma população de cerca de 57.000 habitantes. Deste total, 25.000 eram brancos, 18.000 índios e 14.000 negros.

A presença holandesa na primeira metade do século XVII impulsionou a empresa açucareira e o tráfico negreiro que continuou em expansão com a descoberta do ouro.

Por volta de 1755, o ministro do rei, Marquês de Pombal, criou companhias para facilitar o comércio colonial: a Companhia Geral do Comércio do Grão-Pará e Maranhão e, em 1759, fundou as de Pernambuco e da Paraíba, que introduziram grande número de negros africanos na região.

Em 1798, segundo o historiador Pandiá Calógeras, com uma população de mais de 3 milhões de habitantes, cerca de 1 milhão e meio eram escravos, dos quais 221.000 pardos e 1.361.000 negros, sem contar os negros libertos,

> **União Ibérica:** período entre 1580 e 1640, no qual o rei Felipe II da Espanha, parente mais próximo do falecido rei de Portugal (D. Manoel), na ausência de um herdeiro direto para o trono, uniu as duas coroas assumindo o poder em Portugal e nas áreas de domínio português.

que chegavam a 406.000 indivíduos. De acordo com Calógeras, o século XVIII foi o de maior importação de africanos para o Brasil.

Evolução das estimativas do número de escravos desembarcados no Brasil ao longo do século XVIII, por região africana de origem			
Período	Costa da Mina	Angola	Total
1701-10	83.700	70.000	153.700
1711-20	83.700	55.300	139.000
1721-30	79.200	67.100	146.300
1731-40	56.800	109.300	166.100
1741-50	55.000	130.100	185.100
1751-60	45.900	123.500	169.400
1761-70	38.700	125.900	164.600
1771-80	29.800	131.500	161.300
1781-90	24.200	153.900	178.100
1791-1800	53.600	168.000	221.600
Total	550.600	1.134.600	1.685.200

Referência: Tabela de desembarcados no Brasil, século XVIII.
Disponível em: <http://historiativa.blogspot.com.br/2008/11/prova-da-ufrj2009-histria-1-dia.html>.
Acesso em: 20 ago. 2012.

A escravidão negra no Brasil

No Brasil, a prática da escravidão compreendeu três fases (ARAÚJO, 2006):
a) Do século XVI, início da colonização, até meados do século XVII, quando os africanos superaram numericamente os escravos índios, na lavoura açucareira;
b) Do século XVII, segunda metade, estendendo-se até o final do século XVIII, dominada pelo surto da exploração das minas de ouro e

diamantes e pela expansão da economia agrícola com o plantio do tabaco, cacau, algodão e anil;

c) Do final do século XVIII até 1888; essa fase foi marcada pela expansão da economia cafeeira e pelo processo gradual de abolição do tráfico escravo e finalmente pela abolição da própria escravidão.

> Fomos recebidos com alegria pelo branco que parecia ser o dono daquele local e que, ainda na rua, andou em torno de nós, apalpou nossas carnes, alisou nossas peles e provou o gosto deixado no dedo, abriu nossas bocas e olhou os dentes, e, por fim, fez sinais de aprovação. [...] Quando entramos no armazém, percebi o motivo da felicidade, pois ele tinha um bom estoque de pretos, mas, juntando todos, não dava um de nós. Pareciam carneiros magros, bichos maltratados e doentes. [...] Espalhados por todos os cantos do barracão, no chão de terra ou sobre esteiras de palha já se desmanchando, os mais jovens formavam grupos de acordo com os locais de onde tinham saído da África, que era fácil de saber por causa das marcas no rosto ou das línguas que falavam. (GONÇALVES, 2006. p. 68).

Com a colonização, ao longo dos séculos, expandiram-se geograficamente as práticas agrícolas, que se diversificaram e foram facilitadas pela experiência contida na mão de obra africana vinda de diferentes regiões, e as práticas mineradoras que levaram a uma constante demanda de escravos.

Inicialmente, grande parte dos negros importados destinava-se aos engenhos de açúcar de Pernambuco e da Bahia. Com a descoberta do ouro em Minas Gerais, ao final do século XVII, essa região também passou a usar escravos, aumentando o número de escravos traficados para a exploração aurífera.

Os portugueses desenvolveram agriculturas tropicais e realizaram a exploração de recursos naturais que não eram do conhecimento europeu. O conhecimento africano viabilizou a colonização europeia nos trópicos.

Serge Daget. *Le commerce de l'Amerique par Marseille*, 1725. Paris.
Um europeu comprando africanos para transformá-los em escravos verifica, lambendo o suor em seu queixo, se ele está contaminado por alguma doença tropical.

A expansão das atividades agrícolas demandou sempre maior importação de escravos. Eles foram a mão de obra exclusiva do plantio da cana-de-açúcar, dos campos de fumo e cacau da Bahia e Sergipe. No Rio de Janeiro, plantaram a cana e mais tarde o café; em Pernambuco, Alagoas e Paraíba, estavam presentes no cultivo da cana e do algodão; no Maranhão e Pará, trabalharam no plantio e colheita do algodão; em São Paulo, estavam nas plantações da cana e do café. Minas Gerais, Mato Grosso e Goiás receberam africanos que possuíam habilidades em metalurgia em razão da mineração. Mais tarde cultivaram café, em Minas e no Espírito Santo. Estiveram presentes também na agricultura do Rio Grande do Sul. Em todos os lugares exerceram também os serviços domésticos, organizados no complexo casa-grande e senzala.

No Brasil, já independente de Portugal, o crescimento demográfico e a expansão econômica e financeira permitiram o crescimento das cidades, sobretudo nas regiões litorâneas. Escravos, africanos e seus descendentes estavam presentes em número representativo nelas.

Desenvolveu-se um mercado de serviços urbanos, desempenhado pelos escravos que ofereciam suas habilidades profissionais a quem delas precisasse, recebendo o pagamento em dinheiro, destinado ao senhor do escravo, total ou parcialmente. Eram os "escravos de ganho", aos quais se juntavam os negros libertos nas mais variadas ocupações, inclusive nos serviços públicos. Faziam parte, também, dessa força de trabalho urbana, os "emancipados", africanos trazidos pelo tráfico ilegal e que, libertados pelo governo, eram por ele empregados.

Sobre os escravos vivendo nas cidades, a mobilidade física, derivada em grande parte da natureza de suas ocupações, lhes propiciou certo distanciamento de seus senhores, situação diferente do que ocorria na zona rural. Nas lavouras, a maioria dos escravos passava quase todo o tempo no campo, onde o trabalho ocorria sob a vigilância de feitores.

Na escravidão urbana, o escravo ganhou maior liberdade de movimento, ampliou suas relações sociais e desenvolveu novas formas de sociabilidade.

Havia uma presença maior de escravos nas regiões de produção agrícola para a exportação, próximas aos portos, em relação às mais distantes do litoral.

A produção agrícola, em particular a ligada à agroexportação, foi responsável pelos maiores desequilíbrios entre os sexos; mesmo assim, estavam presentes as famílias escravas. Veja uma citação sobre a existência delas:

> João Gonçalves Romeiro foi um **foreiro**, que alugou do visconde de Asseca, donatário da capitania Paraíba do Sul, quatro sítios, em 29 de dezembro de 1659. O conteúdo dos sítios foi assim descrito:
> Sitio do Campo do Sertão: 1 negro curraleiro, por nome João de Soa, e sua mulher Maria, com 4 filhos, a saber: Grácia, de 10 anos; Tomé, de 8; Sebastiana, de 5; e Andreza; de 1.
> Campo e Sítio de Antônio Mendes: 1 escravo, casado, sua mulher Juliana, e dois filhos, Jacinto, de 5 anos e Damião, de 4 anos. (FARIA, J., 1998. p. 328).

Foreiro: exerce o direito que o domínio útil lhe consagra, procedendo com foros (aquisição de direitos) que lhe foram confiados.

Os estudos sobre as relações entre escravos e senhores, até o final do século XX, produziram análises que, transformadas em discursos históricos, interpretavam o negro como um sujeito passivo diante da dominação violenta ou paternalista dos senhores. Sua vida teria sido moldada pelos senhores. Família, parentescos, solidariedades e manifestações culturais próprias não fariam parte de sua vida. Novos estudos, porém, mostraram senhores e escravos como agentes ativos e construtores, ambos, das relações sociais; mesmo que tensas, faziam concessões e adequações não só necessárias como aceitas.

Outros aspectos pesquisados têm mostrado que, apesar de o escravo, em documentos oficiais, em relatórios de cronistas e viajantes, ter sido identificado como mercadoria, eles próprios não se viam assim e nem mesmo os que com eles conviviam. O escravo conseguiu, muitas vezes, à revelia do senhor, construir sua história, pois foi possível (re)criar sistemas culturais de nítidas filiações africanas, apesar de não alcançar a todos.

A historiadora Hebe Mattos de Castro deu o seguinte depoimento, reflexo de seus estudos:

> É sobre a mulher cativa e seus filhos crioulos que se constrói a possibilidade da família escrava [...]. O desequilíbrio por sexo dos plantéis, mesmo em fazendas antigas, realimentado pelo constante ingresso de recém-chegados, não impossibilitava as relações familiares, mas fazia da família e dos recursos que comumente a ela estiveram associados, como a roça do escravo, possibilidades abertas, mas não acessíveis a todos os cativos. Desse modo, apesar da pulverização da posse de escravos, predominante até meados dos oitocentos, o trabalho coletivo, predominantemente masculino e africano, mostrou-se sempre a face mais visível do cativeiro. Nesse sentido, relações comunitárias forjadas sobre a base da família e da memória geracional, antes que conformar uma identidade escrava comum, engendraram para alguns (os grupos mais antigos do plantel) a possibilidade de se distinguirem frente ao estereótipo mais comumente associado à escravidão (falta de laços, o celibato, os castigos físicos e o trabalho coletivo). (FARIA, 1998. p. 291).

Johann Moritz Rugendas. *Habitação de negros*. Em: *Voyage Pittoresque dans le Brésil*, 1835. Na gravura, realizada durante a viagem de Rugendas pelo Brasil (1821-1825), é possível verificar que nem todas as fazendas possuíam senzalas, olhando o canto superior esquerdo da pintura pode-se observar a sacada da casa-grande com um senhor.

Ser escravo não era somente trabalhar, comer e dormir acorrentado a grilhões silenciosos. As pesquisas têm revelado escravos com conhecimentos no manuseio de gado, técnicas de agricultura, metalurgia, outras habilidades artesanais e de caça. Esses conhecimentos eram atributos pelos quais os senhores reconheciam a propriedade humana que haviam adquirido por seu valor comercial. Esse escravo, em seu dia a dia, trabalhava, comia, odiava, convivia intimamente com os livres, comercializava, andava por caminhos e ruas, conversava e tramava. (FARIA, 1998. p. 292).

O homem negro não queria a escravidão. Dentro dela, entretanto, não se tornou um mero fantoche nas mãos de seus senhores. No que lhe foi possível, criou situações que permitiram compor uma identidade social. Ao mesmo tempo, tal composição ia até certo limite, conforme mostrou a historiadora Sheila de Castro Faria (1998, p. 292).

Os limites das relações entre senhores e escravos estavam nas obrigações que tinham que ser cumpridas pelos escravos. Havia uma constante exigência de trabalho no plantio da cana-de-açúcar, mas outras atividades davam a oportunidade aos cativos de mostrar suas habilidades, como, por exemplo, na criação de animais. Seus senhores punham-nos a criar gado, cavalos e cabras no sertão nordestino ou nas pastagens do extremo sul. Do interior de Pernambuco e da Bahia, ao longo do Rio São Francisco ou do Piauí e Maranhão, esses indivíduos conduziam o gado para as vilas e cidades para serem abatidos para a venda e produção de carne-seca, couro e sebo. Outros escravos criavam cabras para a produção de leite, queijo e couro; porcos para toucinho, galinhas e perus. Havia os escravos caçadores e pescadores que utilizavam os saberes adquiridos na África para abastecer a fazenda do que ela necessitava. Nas cidades litorâneas, alguns escravos eram **estivadores** nos portos.

Joan Blaeu. *Atlas maior, Geografia Blaviana*. Amsterdam, 1662. Na representação de um engenho de açúcar de Pernambuco no século XVII verifica-se, a partir da esquerda, a senzala, a casa-grande e o complexo de beneficiamento da cana-de-açúcar, que era triturada na moenda. O sumo era purgado, resfriado e condensado, transformando-se em blocos de açúcar.

Estivadores: trabalhadores portuários que recebem as cargas dos navios e são responsáveis por sua arrumação nos compartimentos dos navios ou da descarrega de bordo.

Escravos não trabalhavam apenas no cultivo da cana, foram importantes na produção de mantimentos, tabaco, algodão, arroz, produtos que exigem o uso de técnicas de beneficiamento. Nas regiões mineradoras, escravos de ambos os sexos, além de trabalharem nas minas, atuavam nas vendas, nas quitandas e casas-grandes. Nessas, quando habitadas por famílias mais ricas, havia maior especialização com escravas mucamas, que eram mais jovens e ajudavam suas senhoras. Havia, também, governantas, amas de leite para amamentar as crianças da casa, cozinheiras, compradoras, costureiras e lavadeiras.

A escritora Ana Maria Gonçalves, em seu romance histórico *Um defeito de cor*, narra uma passagem na qual a sua personagem relata sobre as diferenças entre ser escravo na casa-grande e na senzala.

> Certo domingo, contei sobre as conversas das visitas do sinhô para o Lourenço, que me ouviu atento e calado, para depois dizer apenas que eu tinha me arriscado ao ficar ouvindo conversa dos outros às escondidas. [...] Senti vontade de ir até a senzala para procurar Felicidade, mas imaginei que ela estaria com o Belchior na cachoeira. Convidei o Lourenço e fomos até lá escondidos, pois, embora tivéssemos mais regalias como escravos da casa-grande, éramos muito mais vigiados para que não nos misturássemos com os outros, para que a vida dos senhores não se tornasse conhecida de toda a escravaria, e para que não nos estragássemos com os hábitos dos escravos da senzala grande, tidos como selvagens e brutos, mais dados a traições e rebeldias, além de levarem uma vida promíscua. Vida da qual eu gostava mais, na qual me sentia mais à vontade. (GONÇALVES, 2006. p. 156).

Outras atividades foram desenvolvidas pelos africanos no Brasil, como a tecelagem para a produção de panos, roupas e outras utilidades, entre elas redes de dormir, velas de embarcações e sacaria para embalagem de produtos agrícolas e alimentícios diversos. Boa parte do vestuário utilizado pelos africanos e seus descendentes, no Brasil Colônia e Império, era de fabricação artesanal própria. Os fios têxteis vindos tanto de fibras vegetais como de fibras animais eram encontrados em diversas regiões e com diversas formas de cultivo e produção.

> Em trabalhos mais especializados, os escravos detinham profissões que dependiam da formação ao lado de um mestre de ofício, muitas vezes africano. Um exemplo importante eram as forjas de ferro no início da metalurgia brasileira, e os ofícios de marceneiros, carpinteiros, ferreiros, oleiros, artistas, professores e construtores. (CUNHA JÚNIOR, 2010).

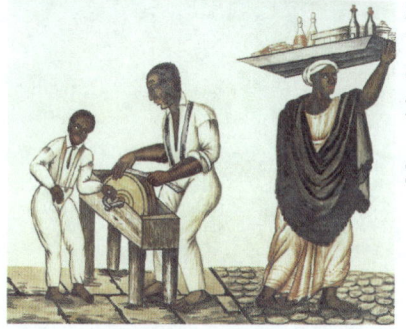

Autor desconhecido, c. 1850. As gravuras retratam o trabalho dos escravos que habitavam as cidades. Os escravos não trabalhavam apenas no setor agrícola e minerador. Havia uma preocupação por parte dos traficantes em negociar, em regiões da África, negros com experiências em variados ofícios.

A influência cultural africana

Participaram da formação da cultura brasileira diferentes grupos de africanos, indígenas e europeus. Práticas culturais foram transmitidas e adaptadas às novas necessidades, conforme estudos desenvolvidos por vários historiadores.

No processo de manutenção, transformação e transmissão de elementos culturais, pode-se perceber que alguns se mantiveram estáveis, enquanto outros, sob o efeito de influências, sofreram mudanças.

No campo religioso, pela necessidade de livrar-se das perseguições, os africanos adotaram vários aspectos do catolicismo, a religião do grupo dominante. Várias características de religiões africanas, porém, foram mantidas por estarem vinculadas a um sistema de símbolos e crenças. Permanências culturais encontram-se também na ordem material, no desenho de casas e utensílios, no conhecimento das plantas medicinais e nos instrumentos de uso no trabalho, na religião e no lazer.

À esquerda, fotografia de autoria de Pierre Verger. Atabaques, 1948, Benin. O tambor é um instrumento de percussão que está presente no cotidiano africano e em ritmos brasileiros, sendo utilizado em rituais religiosos e de lazer.
À direita, fotografia de autoria de Pierre Verger. Mulher africana prepara o acará, bolinho de feijão frito no azeite de dendê, 1948, Benin.

Assim, pode-se observar que as culturas alteram-se por meio de suas dinâmicas internas, mudanças ambientais e forças de dominação que têm por objetivo anular identidades. Mesmo assim, a população escrava sempre conseguiu criar alternativas de convivência ou de contestação, de acordo com cada condição particular de vida nas várias funções exercidas pelo escravo.

Os africanos são portadores de culturas milenares desenvolvidas em localidades diferentes e épocas históricas específicas. Eles acumularam múltiplas experiências de convívio com a natureza.

Durante quatro séculos, etnias africanas foram transportadas para o Brasil e, sob o jugo da escravidão, transformaram-se em agentes do processo de formação da sociedade brasileira juntamente com os europeus e indígenas.

As culturas representadas pelas etnias africanas tinham por características gerais uma visão unificada do universo, composto por um mundo natural (natureza) e um mundo social (bem-estar das pessoas). Esses dois mundos devem estar em harmonia. Sem o respeito e a preservação da natureza não seria possível ter uma vida social saudável e, inversamente, a vida social sã seria impossível sem uma natureza saudável.

Outro princípio é o da força vital, energia inerente aos seres e suporte comum para que todas as coisas se conectem e formem um elo universal; sem ela, jamais poderiam manter uma unidade. Essa força vital traduz-se numa energia que todo indivíduo traz à vida para se realizar, o axé.

AXÉ PRA TODO MUNDO

Axé, axé, axé pra todo mundo, axé

Muito axé, muito axé

Muito axé pra todo mundo, axé

– Eu, negro brasileiro

Desejo pra esse Brasil

De todas as raças

De todos os credos

Axé

Axé, axé, axé pra todo mundo, axé [...]

Martinho da Vila. *Festa da raça*, 1988, CBS.

A palavra, entre os africanos, encontra-se significativamente relacionada com as atividades humanas e não deve ser considerada somente como fonte de conhecimento. Ela gera e movimenta a energia, o que mostra seu poder de transformação. "Quem estraga a sua palavra estraga-se a si mesmo", esse provérbio demonstra a importância da palavra para a cultura africana.

> A palavra atua como criadora do Universo, expressão da força vital, organizadora da esfera política, tanto em relação à comunidade quanto em relação às famílias. A palavra precisa ser pronunciada com cuidado, dado o seu poder de criação.

Os africanos valorizam mais o passado do que o futuro, estabelecendo uma relação diferente com o tempo. Nele é que residem as respostas para os mistérios do tempo presente. É sob esse aspecto que se pode melhor compreender o valor da ancestralidade entre eles.

Por valorizarem a vida comunitária e em família, os africanos creem que a morte de um indivíduo dá força para a comunidade, visto que sua energia volta-se para ela, fortalecendo os elementos naturais essenciais para a vida em grupo. Entre os africanos, quando um indivíduo morre, passa a fazer parte de outro plano onde estão os ancestrais, devido à crença na imortalidade.

Jean-Baptiste Debret. *Enterro do filho de um Rei negro*, 1839. Litografia sobre papel, 32 x 23 cm. As irmandades dos negros no Brasil Império organizavam os funerais de seus dignitários. O cortejo era festivo, com músicos e capoeiristas. Um enterro sem cortejo era um mau presságio no caminho para o além.

Pinacoteca do Estado de São Paulo, SP

O poder entre os africanos é um atributo dos viventes, mas emana dos antepassados. Os que forem mais fiéis aos antepassados, respeitando a terra, alcançarão mais prestígio diante da comunidade. O poder é um exercício calcado na tradição para garantir o bem-estar do grupo.

> As culturas africanas têm princípios que procuram sempre a explicação da totalidade como um conjunto indivisível complexo e de conexões múltiplas. A comunidade, sua terra e seu povo constituem a base da identidade e da construção das sociedades.

Ao compor a cultura brasileira, a matriz africana está presente na religiosidade, na musicalidade, na oralidade, na culinária e na dança, marcando o modo de ser do brasileiro. Historicamente, esses valores foram preservados e recriados em comunidades que são exemplos de resistência ao permanecer em localidades com costumes transmitidos de geração a geração.

A musicalidade, e ao mesmo tempo a valorização da memória, estão presentes em manifestações culturais e artísticas. Veja a letra da música *Babá Alapalá*, de Gilberto Gil:

BABÁ ALAPALÁ

[...] O filho perguntou pro pai:

"Onde é que tá o meu avô?

O meu avô, onde é que tá?"

[...]

Avô perguntou pro bisavô:

"Onde é que tá tataravô?

Tataravô, onde é que tá?"

Tataravô, bisavô, avô

Pai Xangô, Aganju

Viva Egum, Babá Alapalá!

Gilberto Gil, *Banda Dois*, 2009, Geléia Real.

A circularidade é outro valor herdado dos africanos e está presente na vida brasileira por meio das manifestações de lazer, religiosidade, entre outros. Exemplos significativos estão na umbanda, no candomblé, na capoeira e nas rodas de samba.

As danças, ao refletirem a valorização da corporeidade, da ludicidade e da musicalidade, têm muita importância na África, estando presente no nascimento, na morte e no plantio. Os participantes geralmente dançam em círculos. No Brasil foram recriadas e transferidas do sagrado para o profano. Alguns exemplos são: o maculelê, uma dança de luta com bastões; o reisado, uma dança popular profano-religiosa de origem portuguesa, mas mesclada com reminiscências africanas, principalmente com referências ao rei do Congo; o coco, uma dança de roda ou de fileiras mistas, tendo em geral um solista ao centro que canta interpelando e recebendo respostas do grupo; e a capoeira, uma dança contendo técnicas de ataque e de defesa. A capoeira iniciou seu percurso com os bantos que chegaram à Bahia e treinavam luta, disfarçando com cânticos tradicionais. (ARAÚJO, 2006. Texto adaptado).

AIDÊ NEGA AFRICANA

Aidê é uma negra africana,
Tinha magia no seu cantar
Tinha os olhos esverdeados
E sabia como cozinhar,
Sinhozinho ficou encantado
E com Aidê ele quis se casar
Nego disse, Aidê, não se case,
Vá pro quilombo pra se libertar

Aidê!
Foge pra Camugerê
Aidê

No quilombo de Camugerê
A liberdade Aidê encontrou
juntou-se aos negros irmãos,
Descobriu um grande amor
Hoje Aidê canta sorrindo,
E fala com muito louvor
Liberdade não tem preço,
O negro sabe quem o libertou
Aidê !
Foge pra Camugerê
Aidê
[...]

Mestre Mão Branca

AFRICANOS E CRIOULOS: ESCRAVIZAÇÃO E RESISTÊNCIAS

> Emergem em recentes análises os aspectos multifacetados da resistência negra durante a escravidão. Em diversas ocasiões, cativos empreenderam fugas, constituíram quilombos, realizaram levantes, protestos e motins e foram sujeitos, nesse sentido, de experiências múltiplas de resistência cotidiana.
> (REIS; GOMES, 1996. p. 30).

A **diáspora africana** transformou o destino dos homens e mulheres escravizados que chegaram ao Brasil. Sob o jugo do tráfico e da escravidão, foi necessário encontrar meios de pertencer, de alguma forma, a algum lugar.

Um ponto de partida para superar a condição escrava foi agrupar um número suficiente de indivíduos para organizar comunidades com características por eles reconhecidas, tornando-se companheiros a abraçar e evocar elementos culturais comuns. Entre outras comunidades, como as irmandades e as casas de culto, surgiram os quilombos, baseados em experiências de sobrevivência social para se sobrepor às perdas de identidades causadas pela escravidão.

Na construção da sociedade brasileira, o uso da mão de obra escrava obrigou os senhores a conviverem com as estratégias de resistências, que sempre foram reinventadas e ampliadas pelos africanos e pelos afrodescendentes.

Crioulos: filhos de escravos, nascidos no Brasil.

Diáspora africana: dispersão de povos africanos em consequência de interesses econômicos envolvendo a utilização de sua mão de obra em outros continentes.

Alguma flexibilização podia acontecer, permitindo aos escravos certa autonomia nas tarefas diárias, morar perto de seus familiares, ter dias de folga, visitar companheiros em outras fazendas, ter roças para cultivar e poder vender seus produtos em feiras locais.

Entretanto, nessa sociedade de economia rural e caráter latifundiário, os escravos trabalhavam muito, morriam cedo e dificilmente tinham condições de ascenderem socialmente, mesmo quando libertos. Alguns estudos realizados sobre a sociedade escravista no decorrer do século XIX apontam que, em média, a cada mil escravos seis indivíduos conseguiam a **alforria**. Essa situação explica as lutas, as insurreições e as rebeliões planejadas, que por vezes chegavam ao assassinato de senhores e feitores, sendo necessária a intervenção das forças militares.

As fugas para localidades distantes das fazendas eram comuns e a criação de comunidades era um meio, conforme mostram os historiadores José João Reis e Flávio dos Santos Gomes (1996), de tentar reelaborar formas de protestos que, algumas vezes, acabavam se concretizando com a criação de quilombos.

No final do século XVI, na região nordestina, a empresa açucareira prosperava e os engenhos já empregavam aproximadamente 15 mil escravos envolvidos com o plantio, a colheita e o beneficiamento da cana. Negros trabalhavam, noite e dia, nos meses de safra que se estendiam de agosto a maio. Foi nesse cenário que, em 1711, o padre jesuíta João Antônio Andreoni Antonil (CAMPOS, 1996, p. 42) observou o quanto o escravo significava para a colonização: "Os escravos são as mãos e os pés do senhor de engenho, porque sem eles no Brasil não é possível fazer, conservar e aumentar fazenda, nem ter engenho corrente". O sofrimento que causava aos escravos esse trabalho duro motivava-os, todo o tempo, a articular e realizar constantes fugas para os matos e sertões.

Alforria: carta de liberdade obtida pelo escravo, documento de valor legal, registrado em cartório.

A escritora Ana Maria Gonçalves, em seu romance histórico *Um defeito de cor*, nos relata a trajetória de vida de uma negra, desde a sua captura na África, passando por um tempo de escravização e posterior alforria, e seu retorno para a África no final do século XIX. Nesse romance existem momentos em que a personagem descreve situações do cotidiano, como as fugas e perseguições.

> De repente, vimos surgir do meio da mata, na direção do outro engenho, alguns grupos de pretos correndo de cães e de tiros, gritando palavras como liberdade, morte aos brancos e justiça. Eles se desviaram de onde estávamos, evitando os empregados que nos vigiavam. Mais isto nem seria preciso, pois eles estavam mais preocupados em não permitir que fugíssemos do que em tentar recuperar os fujões alheios. [...] Entre os três que conseguiram fugir, um eu conheci, era o Aprigio, de quem falavam que tinha o corpo fechado e que já estava tramando fuga havia algum tempo. Os dois outros eram um Igbo, que eu não conhecia, e o Manuel Tupe, um pescador. (GONÇALVES, 2006. p. 144).

Os quilombos, geralmente, estavam próximos de locais onde seus habitantes pudessem manter relações socioeconômicas com o entorno. Mesmo os quilombos distantes de localidades povoadas não ficavam isolados. Eles se integravam à economia local, fornecendo bens agrícolas que eram produzidos de forma autônoma em pequenas roças, o que lhes permitia ter acesso a um comércio informal que incluía a compra e venda de produtos diversos em relações com pequenos lavradores, cativos, vendeiros e taberneiros.

A imagem a seguir é representativa ao identificar um armazém no período colonial, com a presença de indivíduos que possivelmente podiam ser lavradores, aquilombados, cativos, forros e brancos, o que demonstra a importância destes "mercados" nas transações comerciais da época.

Até a abolição da escravidão negra, os quilombos, diferente do que se pensa, tiveram média ou longa duração, ou seja, não eram fundados e, em seguida, destruídos pelas forças do governo. Compuseram durante todo o período da escravidão, com ritmo e meios diferentes, parte do cenário histórico brasileiro.

Johann Moritz Rugendas. *Venda em Recife*. Em: *Voyage Pittoresque dans le Brésil*, 1835.
A gravura é uma imagem representativa do período anterior à Independência, com a presença de indivíduos que possivelmente podiam ser lavradores, aquilombados, cativos, forros e brancos num ambiente de transação comercial.

Foram várias as formas de aquilombamento temporário: aqueles criados para protestar contra os senhores; e aqueles formados por grupos de fugitivos que assaltavam fazendas e povoados. Esses aquilombamentos transtornavam a vida da sociedade, enquanto os quilombos permanentes, apesar das ações no sentido de destruí-los, conseguiram manter-se relacionando com as populações da região, conquistando uma **territorialidade**.

Territorialidade: é o esforço coletivo de um grupo social para ocupar, usar, controlar e se identificar com uma parcela específica de seu ambiente, convertendo-o assim em seu território.

> O primeiro termo usado no Brasil para agrupamentos de fugitivos, na língua **quimbundo**, foi "mocambo", que significa esconderijo. No século XVIII o termo "kilombo" foi usado na África central para designar sociedades de jovens guerreiros iniciados e agrupamentos de diferentes povos. Foi adotado pelos grupos jagas, africanos centro-ocidentais nômades que viviam na região de Angola, desde o século XVII, para designar seus acampamentos.

Estudos permitiram levantar alguns traços comuns a quase todos os quilombos: os ataques às populações vizinhas e certa dificuldade das autoridades ou mesmo senhores para destruí-los; a mobilidade espacial; a presença de armas, ferrarias e outros instrumentos próprios à defesa; a existência de lideranças e a constante interação que os quilombolas mantinham com a sociedade do entorno. Constituídos geralmente por dezenas de indivíduos, podiam ter agricultura estável, armazéns e paióis, mas havia também quilombos organizados com poucos indivíduos, errantes em meio às matas, sem produção econômica definida. As autoridades, ao reagirem contra a possibilidade da reunião de negros fugidos, em 1740 decretaram que quilombo seria: "[...] toda habitação de negros fugidos que passem de cinco, em parte despovoada, ainda que não tenham ranchos levantados, nem se achem pilões neles [...]" (AMANTINO, 2003. p. 11).

Conforme estudo desenvolvido pela pesquisadora Márcia Amantino (2003), é possível identificar tipos de quilombos:

Quilombos autossustentáveis: eram aqueles que apresentavam uma economia baseada na agricultura e/ou pecuária, que tinham uma liderança política reconhecida e estável e realizavam trocas comerciais com a sociedade

> Quimbundo: língua falada pelos grupos de ambundos e seus vários subgrupos: andongos, biênios, dembos, matambas, ambacas, falantes de quimbundo.

da região. Neles o trabalho comunitário e livre era uma forma de reagirem contra o regime escravista. Os produtos existentes eram distribuídos ao grupo, demonstrando a presença de relações de cooperação e solidariedade.

Sobre os quilombos autossustentáveis, a pesquisadora apresenta a carta de um funcionário da Capitania de Minas Gerais, datada de 1770, na qual relata sobre suas características:

> [...] a informação que passo [...] dos negros apreendidos no Quilombo, é a que me dão alguns moradores da Estrada que me dizem que não consta que estes negros tenham feito mortes, nem roubo, porque se meteram para aquelas gerais, a donde plantavam para comer e algodão para se vestir, o que eles assim mesmo indiciavam porque não tinham armas e menos vestuário, que só constava de couros e algodão, e por armas flechas... (AMANTINO, 2003. p. 237).

Por esse relato percebe-se que a aceitação dos quilombos, devido à falta de condições por parte do Estado para reprimi-los, era comum, enquanto a tranquilidade da população não fosse ameaçada. Era a própria população que, diante das ações de violência, clamava pela intervenção do Estado. Veja este outro relato:

> [...] os negros são muitos e que estão situados com casas e roças há muitos anos, o que naturalmente pode ser enquanto não faziam insultos, mas, depois destes, é impraticável dissimular semelhantes atrevimentos; à vista do que é necessário não só extinguir o dito quilombo, mas prender todos os negros e negras e filhos que tiverem no mato [...] (AMANTINO, 2003. p. 238).

Quilombos dependentes: eram aqueles que não queriam ou não conseguiam garantir por si mesmos a sobrevivência do grupo, estando distantes de povoamentos. A principal característica, nesse caso, era o não estabelecimento de uma produção econômica autônoma. Por isso, promoviam incursões e praticavam assaltos em vilas e fazendas próximas.

Esse tipo de quilombo caracterizava-se pela alta mobilidade, característica que o deixava fora do alcance das autoridades. Mesmo que apresentassem estruturas menores, esses quilombos se encontravam dispersos por todo o território brasileiro, fato que causava constante apreensão por parte da população livre.

Os quilombos dependentes relacionavam-se com garimpeiros, homens livres pobres e bandidos de caminhos e estradas.

O relato histórico de 1876, encontrado no Arquivo Público do Estado do Rio de Janeiro pela pesquisadora Márcia Amantino, exemplifica o modo de atuação dos quilombos dependentes:

> [...] o que é certo é que os quilombolas saem amiudamente dos seus esconderijos a fazerem correrias e roubos na Fazenda de Santo Antônio, donde têm já arrebatado cavalos de cela, bestas de carga, cavalos e outros animais e levam a ousadia ao ponto de em pleno dia dispararem as espingardas no pasto da dita fazenda, como em provocação e ameaça ao suplicante [...] (AMANTINO, 2003. p. 250).

Quilombos em várias localidades e épocas

Os quilombos fizeram parte da história do Brasil, como movimento social que aconteceu por todo o território, desde o século XVII até a abolição da escravatura em 1888. A presença de quilombos preocupava governantes, capitães do mato, senhores de engenhos e mineradores. Próximos a vilas e cidades, os habitantes de quilombos estreitavam relações com diversos grupos sociais que se integravam à sociedade escravista. Com frequência estavam presentes nos locais onde se implantaram e desenvolveram atividades produtivas e extrativas, mas também podiam estar em regiões isoladas. Seguindo a trajetória das atividades econômicas, ganharam espaço em todas as regiões do Brasil.

Pelas várias regiões do Brasil, por meio dos trabalhos de pesquisadores, conheceram-se alguns quilombos que se formaram e se destacaram entre os séculos XVI e XIX.

Palmares

Por volta de 1605, já se tinha notícia da presença de escravos fugidos para a região da Serra da Barriga, atual estado de Alagoas. Em 1612, documentos identificavam expedições do governo para a região. O agrupamento cresceu e ficou conhecido com o nome de Palmares, que não era apenas um quilombo, mas um conjunto formado por nove ou mais comunidades que compunham o grande Palmares.

Entre 1624 e 1654, os holandeses realizaram várias incursões no nordeste do Brasil Colonial. Por meio da Companhia das Índias Ocidentais, eles dominaram várias capitanias com o objetivo de tirar proveitos da empresa açucareira. A presença holandesa provocou uma expansão na produção dos engenhos, fato que incidiu em uma maior carga de trabalho para os escravos, levando a um aumento de fugas para os quilombos.

Os holandeses conheciam o perigo da multiplicação de quilombos e passaram a atacá-los. Em 1644, tem-se notícia de um ataque que vitimou cem pessoas e capturou trinta e uma de um total de seis mil que viviam no principal acampamento de Palmares.

A rivalidade entre portugueses e holandeses criou um cenário de instabilidade que contribuiu para o crescimento de Palmares e para sua permanência. Após a expulsão dos holandeses em 1654, se intensificaram os ataques dos portugueses contra Palmares, ao mesmo tempo em que o governador de Pernambuco denunciava colonos por passarem armas de fogo para os habitantes de Palmares. Assim, as ofensivas continuaram por parte do governo, para destruir o quilombo, na época governado por Ganga Zumba. Este, acusado de fazer acordos com o governo de Pernambuco, foi morto e sucedido por seu sobrinho Zumbi, que reinou a partir de 1687, iniciando um período intenso de guerras.

Em um acordo do governo de Pernambuco, o bandeirante paulista Domingos Jorge Velho empreendeu incursões a Palmares, sitiando seu principal reduto, Macoco (entendido como Macaco pelos portugueses), e em quarenta e dois dias destruiu o quilombo. Muitos fugiram e outros morreram, dentre eles Zumbi, encontrado morto em 1695.

O Quilombo de Palmares foi o maior centro de resistência negra no Brasil Colonial, pois por mais de um século acolheu os que fugiam da escravidão na região.

Quilombos na Amazônia

> Convém também dizer à autoridade que de janeiro a maio, em que enche o Amazonas, é o tempo que os escravos julgam mais apropriado para fugirem. Neste tempo o trânsito, que é todo fluvial, facilita-lhes poderem navegar por atalhos que conhecem ou por onde são conduzidos, sem o receio de serem agarrados; por este tempo que é o em que se faz a colheita das castanhas (Em 8 de janeiro de 1876. FUNES, 1995. p. 85).

O plantio de cacau e a criação de gado na região da Província do Grão-Pará, a partir de 1780, deslocou uma grande quantidade de escravos para trabalhar nas fazendas de Santarém e Óbidos. O negro estava presente na lavoura cacaueira, na agricultura de subsistência, na pecuária, nas atividades domésticas e, aos poucos, passou a fazer parte do cotidiano da sociedade amazônica, como mostra a tese de Eurípides Funes.

Nas primeiras décadas do século XIX, já se tinha notícia de escravos em fuga das plantações de cacau, das fazendas de criação, das propriedades dos senhores de Óbidos, Santarém, Alenquer e, mesmo, de Belém e outros centros urbanos. Navegavam em rios à procura de um lugar estratégico para se esconderem e desenvolverem atividades de subsistência.

Os agrupamentos de negros fugidos eram mais conhecidos como mocambos. Os principais mocambos estavam em trechos navegáveis dos rios Curuá, Trombetas e Erepecuru. Nas cercanias de Santarém estavam os mocambos de Urucurituba, Ituqui e Tiningu, e as ilhas Arapemã e Saracura serviam de apoio aos negros tanto para o processo de fuga, quanto para o estabelecimento de vínculos destes com a sociedade escravocrata, em particular de Santarém, onde negociavam produtos necessários à sua subsistência e forneciam produtos para o mercado local.

No processo de resistência à escravidão, os mocambos da região proporcionaram o alargamento dos espaços territoriais necessários para o rompimento com a condição escrava, a partir dos quais se configuraram as atuais comunidades, ampliadas pelo casamento e pelo constante deslocamento de famílias de uma área para outra, na busca de terra para trabalhar.

Os mocambos da região identificaram uma história de resistência e a constituição de uma territorialidade marcada pela atuação de negros na luta pela terra.

Kalunga de Goiás

Após a descoberta do ouro nas Minas Gerais, o processo de ocupação das terras, acompanhado do movimento bandeirante, alcançou a região Centro-Oeste, submetendo as populações indígenas, que foram obrigadas a se deslocar para outras áreas, devido à descoberta do ouro nas minas de Goyazes. Goiás nasceu sob o símbolo do ouro e da garimpagem, recebendo centenas de africanos desembarcados nos portos de Salvador, Santos e Rio de Janeiro. Os trabalhos na mineração envolviam o desmonte de cascalhos, a mineração em grupiaras e o deslocamento de rochedos.

> **Kalunga:** para os moradores do sítio histórico, é um lugar sagrado que não pode pertencer a uma só pessoa ou família.

O antropólogo Arthur Ramos (BAIOCCHI, 1999), ao pesquisar sobre a origem dos negros deste quilombo, concluiu ser do grande grupo linguístico banto, saídos da região de Angola, Congo e Moçambique.

A mineração iniciada ao sul de Goiás estendeu-se para o norte na região de Tocantins. Os arraiais de Cavalcante e de Santo Antonio do Morro do Chapéu foram fundados em 1749 e 1769. Neles, escravos extraíam ouro das serras, morros, rios e córregos.

Após a decadência da mineração, multiplicaram-se em Goiás arraiais formados por uma população majoritária de negros, mas também composta por pardos, mulatos e brancos, que se dedicavam à agricultura e à pecuária. Ou seja, populações em sua grande parte descendentes de africanos.

A antropóloga e historiadora Mari de Nasaré Baiocchi (1999) descreve que, em épocas diferentes, escravos de São José do Tocantins (hoje Niquelândia), São Domingos, Traíras, Couros, Arraias, São Felix, Santo Antônio, Morro do Chapéu (hoje Monte Alegre) e Palmas (hoje Paranã) conviviam e se relacionavam com os indígenas da região iniciando uma miscigenação biológica e cultural. Os fazendeiros que se enriqueceram nas minas de ouro se deslocavam para a mesma região onde desenvolveram a criação de gado servindo-se do trabalho escravo.

A condição escrava, a morte prematura, a incapacidade física e outras opressões levaram ao surgimento de quilombos para sobreviverem e exercitarem a liberdade. Assim a presença dos escravos, nos vãos das serras, fez originar vários quilombos, entre eles o Tocantins, o Arraias, o Meia Ponte, o Crixás, o Paracatu e o Três Barras, que juntos formaram o território dos Kalunga. Os Kalunga preservaram sua memória histórica, vinculada às migrações, à posse da terra e à miscigenação com o indígena, contando suas histórias. A antropóloga Mari Baiocchi, ao conviver com a comunidade, produziu um arquivo fonográfico com uma série de testemunhos sobre o cotidiano e sua história. Um deles contava:

Existia uma mina de ouro ali bem perto, nessa mina trabaiavam muitos escravos. O nome da mina é Boa Vista, fizeram um rego grande pra levar água até a mina. Eram maltratado, o trabaio era por demais... O primeiro povo morador é do Kalunga, os Pereira que chegaram, aqui tinha era índio. A Contenda passou por 03 mulheres, é terra doada de madrinha. As Areia tem caminho real onde passava o home do oro o fiscal que realizava a cobrança dos impostos, a captação para o governador.

O Sicury é mais novo de terra comprada. O Vão do Muleque, Vão de Almas veio depois. O Ribeirão foi o último.

Os cumpadre (índio) morava aqui. As moças passava nóis com eles ficava amigo.

(Arquivo fonográfico de BAIOCCHI, 1999. p. 38).

Oitizeiro na Bahia

No estado da Bahia, existem 392 comunidades quilombolas, conforme dados levantados em 2005 pela Secretaria de Agricultura, Irrigação e Reforma Agrária.

Elegemos o Quilombo do Oitizeiro do município de Itacaré, localizado na Vila de São José da Barra do Rio de Contas, ao sul desse estado, devido às particularidades de sua formação.

Localizado numa região já decadente em riqueza de minerais preciosos, no final do século XVIII, era um ponto de atração para negros fugidos e brancos rejeitados pela sociedade.

Os historiadores João Reis e Flávio Gomes, nos anos de 1990, apresentaram seus estudos sobre o Oitizeiro, uma comunidade na qual negros fugidos, indígenas e brancos constituíram famílias com negras, índias e mestiças, dando origem a uma população miscigenada na região.

O quilombo, localizado em uma região rica em diversos tipos de frutas, tinha uma variada fauna com antas, capivaras, veados, aves e diversos tipos de peixes, que oferecia aos seus habitantes amplas condições de sobrevivência. Sua produção agrícola era variada, com o predomínio do plantio da mandioca, e o seu beneficiamento de forma artesanal acontecia em espaços comunitários, como podemos ver na imagem a seguir.

Modesto Brocos y Gomes. *Engenho de mandioca*, 1892. Óleo sobre tela, 58,6 x 75,8 cm. Museu Nacional de Belas Artes, Rio de Janeiro, RJ.
Processo de beneficiamento de um dos produtos agrícolas mais comuns da culinária brasileira, a mandioca (macaxeira ou aipim). Observe na obra o predomínio das mulheres no desenvolvimento da atividade de produção da farinha de mandioca.

Na memória dos quilombolas atuais, contam-se as proezas de um branco, chamado Balthasar da Rocha, líder do quilombo, conhecido na região como homem destemido, juntamente com Agostinho Ramires, que vivia com uma negra fugitiva chamada Marcelina que, com outras negras, eram líderes no quilombo.

A presença das mulheres nos quilombos foi fundamental para sua própria existência e conservação. (PASSOS, 2012).

Em 1806, D. João Saldanha de Gama de Mello e Torres, o Conde da Ponte, que governava a Bahia, decidiu realizar uma campanha para atacar e destruir o Quilombo do Oitizeiro ao convocar trezentos índios e tropas regulares.

Localizado em uma região de difícil acesso, as tropas não conseguiram chegar e atacar o quilombo sem ser notadas. Ao chegar ao quilombo, ele já se encontrava vazio, devido ao conhecimento da região e destreza dos quilombolas.

O Conde da Ponte, que havia decretado a prisão de várias pessoas, viu seu objetivo cair por terra. Porém tomou posse da área ocupada para o governo da Bahia e confiscou uma extensa área de plantio de mandioca, além da produção beneficiada e uma variedade de bens agrícolas.

Atualmente existe em Itacaré uma comunidade negra chamada Oitizeiro, que possivelmente é remanescente dos quilombos da mesma região.

Documento expedido pelo Fundo do Governo Geral da Capitania da Bahia sobre o confisco de bens do quilombo da região de Oitizeiro, 1806. Nas pesquisas feitas pelos historiadores João Reis e Flávio Gomes (1996), além dos negros fugidos, havia no quilombo a presença de brancos rejeitados socialmente, que constituíam família com negras africanas e crioulas. A comunidade se tornou um local desejado por escravos da região, que fugiam do cativeiro com o objetivo de possuírem um pedaço de terra onde pudessem trabalhar livremente.

A presença de quilombos nas Minas Gerais do século XVIII

Uma variada documentação sobre quilombos tem demonstrado que nem mesmo com a atuação dos capitães do mato, dos índios aliados, das milícias e, posteriormente, da **Guarda Nacional** e do Exército, não se conseguiu

Guarda Nacional: milícia criada em 1831, era uma força paralela para conter as tropas e os distúrbios envolvendo grupos políticos no período regencial.

acabar com os quilombos. Onde quer que houvesse escravos, havia quilombos. Uma das razões para isso foi a intensa mobilidade dos africanos e afrodescendentes e suas ligações com variados segmentos sociais.

Os testemunhos remanescentes de quilombos que chegaram até nossos dias dão notícias de 160 quilombos descobertos e submetidos a ações policiais, em Minas Gerais, entre 1710 e 1798.

Essa presença de quilombos nas Minas Gerais foi descrita em 1806 por Joaquim José Lisboa, **alferes** em Vila Rica, no poema:

> *Os escravos pretos lá,*
> *Quando dão com maus senhores,*
> *Fogem, são salteadores,*
> *E nossos contrários são.*
>
> *Entranham-se pelos matos,*
> *E como criam e plantam,*
> *Divertem-se, brincam e cantam,*
> *De nada têm precisão.*
>
> *[...]*
>
> *Vêm de noite aos arraiais,*
> *E com indústrias e tretas,*
> *Seduzem algumas pretas,*
> *Com promessas de casar.*
>
> *Elegem logo rainha,*
> *E rei a quem obedecem,*
> *Do cativeiro se esquecem,*
> *Toca a rir, toca a roubar;*
> *Eis que a notícia se espalha*
> *Do Crime e do desacato,*
> *Caem-lhe os capitães do mato*
> *E destroem tudo enfim.*
>
> (REIS; GOMES, 1996. p. 164).

Alferes: posto da hierarquia militar, situado abaixo do tenente e acima do primeiro-sargento, foi extinto em 1930 no governo de Getúlio Vargas, sendo substituído pela patente de segundo-tenente.

Johann Moritz Rugendas. *Capitão do mato*. Em: *Voyage Pittoresque dans le Brésil*, 1835. Capitães do mato eram negros livres que gozavam de um ordenado fixo e estavam encarregados de percorrer os distritos, com o objetivo de prender os negros evadidos e conduzi-los a seus senhores ou, não os conhecendo, à prisão mais próxima. A captura era anunciada por um cartaz afixado à porta da igreja.

Desde a época colonial, em Minas Gerais, a presença de quilombos levou as autoridades a criarem leis para dificultar sua sobrevivência. Como exemplo, têm-se a proibição do uso de armas pelos escravos, o impedimento do deslocamento destes sem autorização escrita de seus senhores, a limitação do comércio feito pelas negras de tabuleiro.

Para a repressão aos quilombos foi criada uma tropa especializada, os capitães do mato, que tinham a função de destruí-los, recapturar os negros fugidos ou suas cabeças para comprovar mortes em ataques.

O pesquisador Carlos Magno Guimarães, na obra *Liberdade por um fio*, apresenta um relato de 1730 demonstrando a preocupação do governo das Minas Gerais com a presença de quilombos:

> Negros que invadindo as estradas e casas chega a tanto a sua tirania que lhe põem o fogo às mesmas casas e aos corpos depois de mortos e roubados, prometendo maior ruína à liberdade com que vivem, fazendo-se poderosos em quilombos em que há de quarenta, cinquenta e mais negros, [...] sendo os tais quilombos como aldeias de gentio escondidos entre os matos. (GUIMARÃES, 1996. p. 146).

Entre as dezenas de quilombos existentes em Minas Gerais por volta de 1726, no município atual de Cristais, negros fugitivos formaram o Quilombo do Ambrósio. Conta-se que o Quilombo do Ambrósio chegou a ter mais de 15.000 negros e foi o maior e mais duradouro nas Minas Gerais. Possuíam uma organização comunitária e se dedicavam à criação do gado. Na agricultura mantinham roças e plantações de cana, chegando a seu beneficiamento.

Liderados pelo chefe Ambrósio, mantinham uma disciplina para o trabalho, o que permitia uma considerável produtividade agrícola que era distribuída para a comunidade.

> O mais famoso dos quilombos de Minas Gerais, o Quilombo do Ambrósio, era oficialmente designado como Quilombo Grande. Depois da destruição do quilombo e morte de Ambrósio, renasceu mais forte e mais poderoso, com a mesma denominação de Quilombo Grande, embora, às vezes, ainda aparecesse na correspondência oficial a designação popular de Quilombo do Ambrósio (SILVA FILHO, 2012).

Em 1746, Gomes Freire de Andrade, governador das Minas Gerais, nomeou o capitão Antônio José de Oliveira comandante das tropas que deveriam atacar e destruir o Quilombo do Ambrósio. Após ter conseguido desarticular os quilombos menores, a tropa alcançou e derrotou o quilombo maior de Ambrósio, onde muitos morreram e outros fugiram. Acreditava-se que o governo havia obtido uma vitória conclusiva, porém os remanescentes do quilombo derrotado situaram-se na região dos atuais municípios de Ibiá e Campos Altos, com o nome de Campo Grande. Considerado o segundo Quilombo do Ambrósio, foi destruído em 1759.

A distribuição espacial das comunidades remanescentes de quilombos no Brasil

O historiador Flávio Gomes dos Santos, em sua obra *A hidra e os pântanos* (2005), ao pesquisar quilombos e mocambos no Rio de Janeiro do século XVII e XIX, identificou a metáfora usada pelos chefes de polícia da época cansados de ver quilombos ressurgirem. Eles os comparavam à hidra, um monstro da mitologia grega que, tendo uma cabeça decepada, gerava mais duas (GOMES, 2005).

Os quilombos, por não existirem isolados das vilas e lugarejos, conforme já foi mostrado, mantinham redes de intercâmbio sociais e econômicas, permitindo aos negros sobreviventes se esconderem nas senzalas, fazendas e matos, auxiliados por aliados, e, em pouco tempo, ressurgirem no mesmo ou em outro local da região.

Na última década do século XX, em pesquisa de Rafael Sanzio Araújo dos Anjos, em parceria com o governo federal, identificou-se a distribuição espacial das comunidades remanescentes de quilombos pelas regiões do Brasil.

- O Pará, ao norte do Brasil, é o terceiro estado com maior quantidade de comunidades remanescentes de quilombos que participaram do ciclo da borracha, do cacau e do café.
- O nordeste, pioneiro nas atividades econômicas coloniais, lidera na quantidade de comunidades quilombolas, do litoral do Maranhão até a região sudeste, ao norte do Espírito Santo. Esses quilombos, pela variedade de atividades que desenvolviam, tiveram acesso a espaços na periferia e nos centros urbanos. A ocupação de vários pontos do interior do país pelos quilombolas ocorreu devido à expansão dos ciclos econômicos.

- Na região centro-oeste, a mineração e a criação de gado foram o suporte para a presença de quilombos.
- No sudeste, de modo expressivo, os quilombolas estão espalhados por Minas Gerais, São Paulo e Rio de Janeiro.
- São esparsos os registros de identificação de quilombolas em Santa Catarina e no Paraná, mas eles estão presentes às dezenas no Rio Grande do Sul.
- Não existem registros de representantes de comunidades remanescentes de quilombos nos estados de Roraima, Acre e no Distrito Federal.

Os quilombos foram ambientes de transformações sociais, econômicas, demográficas e culturais nas várias regiões mostradas no mapa. Seguindo a análise feita por Flávio Gomes (2005), os quilombolas sempre causaram uma inquietação na sociedade escravista. Os quilombolas, inconscientemente, por suas constantes ações colaboraram para a desagregação da sociedade escravista. Os senhores, ao montarem meios de repressão onerosos, perdiam escravos, tinham sua produção diminuída e reduziam seus lucros.

A partir de 1850, a perda de controle dos senhores sobre a manutenção do regime escravista deixou-os em situação vulnerável. Comprova esse fato o elevado número de crimes contra os senhores e as constantes fugas. Com o tempo, esses fatores levaram os próprios senhores a defenderem o estabelecimento do trabalho livre.

> [...] Quer no seu sentido econômico quer na sua significação social, o escravo fugido era um elemento de negação da ordem estabelecida. [...] (GOMES, 2005. p. 249).

O fim da escravidão não significou o fim dos quilombos historicamente. No entanto, passaram a ser interpretados como uma sociedade do tempo da escravidão, apenas como espaços de resistência e de isolamento da população negra.

Essa visão reduzida que se tinha das comunidades rurais negras refletia uma invisibilidade produzida pela história oficial, cuja ideologia propositadamente ignorava os efeitos da escravidão na sociedade brasileira e, especialmente, os efeitos da inexistência de uma política governamental que regularizasse o direito a terras para os quilombolas após a abolição da escravidão.

No período imperial, com a Lei de Terras de 1850, que regulamentou a propriedade territorial privada no Brasil, os africanos e seus descendentes foram excluídos da categoria de brasileiros, perdendo o direito de posse. Era comum que os afrodescendentes, tendo comprado, herdado ou recebido terras em doação, mesmo libertos, fossem expulsos das terras nas quais viviam há tempos (ANJOS, 2006. p. 62).

Posteriormente, já no período republicano, diante da existência de centenas de quilombos pelo Brasil e os constantes conflitos pela terra, o Movimento Negro conseguiu sensibilizar o congresso constituinte de 1988 a legislar em defesa dos quilombolas.

O artigo 216 da Constituição Federal de 1988 passou a considerar patrimônio cultural brasileiro, material e imaterial, tanto individual como em conjunto, todo portador de referência à identidade, à ação, à memória dos diferentes grupos formadores da sociedade brasileira. Esse propósito encontra-se nas Disposições Constitucionais Transitórias do artigo 68 em relação à existência dos quilombos. Esse artigo fez emergir a expressão "remanescentes de comunidades de quilombos", reproduzindo a versão da história oficial de que os quilombos representam uma matriz étnico-cultural cristalizada e em processo de desaparecimento. Essa interpretação definiu que, para terem suas terras reconhecidas, os quilombolas precisam obter do governo o título de reconhecimento de propriedade dessas terras.

No próximo capítulo será tratado o esforço coletivo das comunidades quilombolas em busca da confirmação de seus direitos sobre o território em que vivem, demonstrando a importância da territorialidade.

COMUNIDADES QUILOMBOLAS – UM PASSADO RECONHECIDO

A partir de meados do XIX, ficam cada vez mais evidentes os avanços da burguesia europeia, que orgulhosa e arrogante passava a repartir o mundo e a colonizar os pontos mais distantes que a imaginação permitia sonhar. Ninguém duvidava do progresso – de um progresso linear e determinado –, assim como não se questionava a ideia de que o único modelo de civilização era aquele experimentado pelo Ocidente (SCHWARCZ, 2012).

O imaginário sobre o negro no final do século XIX no Brasil

Ao final do século XIX, ocorria a abolição da escravidão e a queda do Império brasileiro. Evidenciava-se um ambiente de instabilidade social e incertezas acerca do futuro do país e, para preservar a autoridade dos ex-senhores, algumas providências foram tomadas, entre elas o aumento dos contingentes policiais, chefes de polícia e delegados. Tanto jornalistas quanto deputados, como parcelas das elites dirigentes do país, imaginavam que a extinção do cativeiro pudesse despertar conflitos raciais e desordens sociais. Temiam que os negros interpretassem o fim da escravidão como oportunidade para contestar as desigualdades promovendo movimentos de cunho social. Outros argumentavam que os negros não se adaptariam a uma sociedade sem feitor e senhor e nem mesmo às condições do trabalho livre. Traduzia-se, com essas questões, a manutenção de preconceitos raciais nas relações sociais e de dominação que haviam sustentado por tanto tempo a sociedade brasileira escravista.

Nessa época, ficou evidente que gente de prestígio e dinheiro não estava disposta a abrir mão de sua posição sociorracial. Os partidários dessa visão tinham a seu favor argumentos retirados das teorias raciais vigentes na época. As elites intelectuais e políticas do Brasil valiam-se das publicações sobre as teorias raciais, como o *Ensaio sobre a desigualdade das raças humanas*, de autoria do diplomata francês Arthur de Gobineau. Ele propunha uma humanidade dividida em três grandes complexos raciais – branco, amarelo e negro – sendo que o progresso histórico dependeria, sobretudo, da ação direta e indireta das raças brancas (MAGNOLI, 2009. p. 24). Acreditava-se também que as raças constituiriam fenômenos imutáveis, sendo todo cruzamento por princípio entendido como um erro. Devido a essas proposições, enaltecia-se a existência de "tipos puros" e compreendia-se a miscigenação como sinônimo de degeneração, não só racial como social.

Alguns exemplos da repercussão dessas ideias entre as elites brasileiras encontram-se na obra do professor Raimundo Nina Rodrigues, o famoso médico legista maranhense radicado na Bahia que afirmava que "os homens não nascem iguais". Apesar de ter pesquisado e valorizado o estudo da cultura afro-brasileira, achava que os negros deveriam ser julgados por critérios diferenciados, pois eram naturalmente incapazes de compreender certas regras sociais e, portanto, não poderiam ser responsabilizados penalmente por seus crimes do mesmo modo que os brancos. Nina Rodrigues chegou a sugerir a criação de dois códigos penais, um para os brancos e outro para os negros. De outro ponto de vista, na Faculdade de Direito de Recife, em Pernambuco, Sílvio Romero, historiador e literato brasileiro, refletindo sobre a questão racial, apontava a mestiçagem como a grande peculiaridade do país e o branqueamento como a solução para os problemas decorrentes dela.

A histórica exclusão da população negra no Brasil se reafirmou com a Lei de Terras de 1850, que desconsiderou essa população, pois anulou o sistema de posses fundiárias estabelecido em 1822, que permitia o uso da terra para subsistência em regime de propriedade familiar. Não se legislou sobre a

Modesto Brocos y Gomes. *A redenção de Cam*, 1895. Óleo sobre tela, 199 x 166 cm. Museu Nacional de Belas Artes, Rio de Janeiro, RJ. A obra é um exemplo para reforçar o ideal criado pelas elites do final do século XIX de branqueamento da população brasileira. Nela o autor apresenta uma família agradecendo o nascimento da criança. A avó, negra, ergue as mãos para o céu em gesto de agradecimento pelo nascimento do neto branco, enquanto o pai, de feições caipiras e branco, olha matreiramente para a criança.

possibilidade futura da transformação da mão de obra liberta em um novo contingente de posseiros fundiários ou pequenos proprietários, com possibilidade também do estabelecimento de grupos familiares em terras legalizadas ou da legitimação das posses coletivas nos quilombos.

Com a mudança da forma de governo, em 1889, de monarquia para república, a Constituição republicana de 1891, legislando sobre os direitos de cidadania, ateve-se, basicamente, aos direitos individuais (art. 72), relativos à liberdade de culto e de expressão de pensamento, à segurança individual, à igualdade perante a lei e ao direito de propriedade em sua plenitude. Nada foi dito a respeito da multidão de ex-escravos e, portanto, nada mudou para os negros. Isso foi mantido nas constituições brasileiras posteriores, até 1988, sem que houvesse nenhum direito e proteção jurídica especial que garantisse condições objetivas do exercício pleno da cidadania para ex-escravos.

As imagens negativas que as elites mantinham sobre os negros continuaram a prevalecer e foram agravadas por uma carga extra de racismo presente em novas formas de dominação fundamentadas na noção de raça. Com isso a sociedade deu uma nova roupagem às hierarquias raciais estruturadas durante os quatro séculos de escravidão.

A República, livre da escravidão, não garantiu oportunidades iguais na sociedade, muito pelo contrário, a preocupação estava em garantir que brancos e negros continuassem sendo não só diferentes, mas desiguais.

Retomando as ideias de Sílvio Romero, ele acreditava que a miscigenação levaria a médio e longo prazos a um país predominantemente branco. Desse modo, a "raça branca", considerada mais evoluída, corrigiria as marcas deixadas na população por negros e índios, tidos como "raças inferiores". Daí os investimentos na imigração de trabalhadores europeus e as barreiras para a vinda de negros e asiáticos. Aos imigrantes brancos caberia o papel de não só embranquecer as peles, mas também civilizar os costumes, remediando, na lógica da época, os danos pelos séculos de escravidão de africanos.

O afluxo de imigrantes para o Brasil, na segunda metade do século XIX e nas primeiras décadas do XX, afetou não apenas os quase trezentos mil escravos libertados entre 1887 e maio de 1888, mas também o grupo de mulatos e negros livres que, na época, se aproximava de um milhão e meio no Sudeste.

Entre 1888 e 1930, afluiu em direção aos setores mais dinâmicos da economia agrícola de exportação, localizados na cultura do café e na economia urbana em expansão, um montante de 3.762.000 imigrantes, dos quais, descontando os que retornaram à Europa, fixaram-se no Brasil 2.822.000. A presença maciça de estrangeiros relegou a um segundo plano a mão de obra nacional e a um terceiro plano os ex-escravos (HASENBALG, 2005. p. 166).

A recusa a imigrantes africanos era justificada por razões explicitamente racistas. Em 1921 dois deputados federais, Andrade Bezerra e Cincinato Braga, apresentaram na Câmara o projeto de lei nº 209, que proibia "a imigração de indivíduos da raça de cor preta". Com isso, calculava-se que em cem anos, no máximo, o sangue, a pele e os costumes dos brasileiros poderiam se "branquear". Baseado nesse cálculo, o representante brasileiro Batista Lacerda, presente no Congresso Internacional das Raças, realizado em Londres em 1911, garantiu que até o início do século XXI o número de mulatos seria insignificante e já não haveria negros no país.

A condição do negro pós-escravidão

O ideal de embranquecimento continuou a fazer parte dos projetos do governo brasileiro até a década de 1930.

A reação da população negra e pobre à efetivação de projetos sociais e políticos que a excluía ganhou expressão já nos primeiros anos da República. Ex-escravos e seus filhos reconheciam que junto à herança do cativeiro estavam suas identidades reinventadas em parentescos, visões de mundo, lembranças e recordações. Eles estavam marcados nos corpos e nas mentes por expectativas políticas voltadas para a conquista da terra, o direito a contratos de trabalho, moradias e salários. E a todo tempo procuravam reafirmar seus direitos e interesses, em termos étnicos, coletivos e culturais.

Vários foram os movimentos negros que se espalharam por todo o país na forma de revoltas urbanas e rurais, reivindicando as mudanças que o novo regime havia prometido e os ganhos sociais que a Abolição deveria ter-lhes assegurado (SALLES; SOARES, 2005. p. 117).

> O braço livre desejado era o braço estrangeiro, não o braço do liberto ou do negro degradado pela escravidão. O negro passava a ser considerado em si mesmo, independentemente do sistema escravocrata, como causa de ociosidade e marasmo e apontado como causa do imobilismo e atraso da sociedade (HASENBALG, 2005. p. 165. Adaptado).

Mobilizações em ações de rua representadas pela Guarda Negra (1888-1889), que procuravam dar visibilidade às reivindicações negras, repercutiam na imprensa. A Frente Negra Brasileira – FNB (1931-1937) era uma organização que mantinha em seus quadros ativistas e jornalistas em defesa da causa negra. Essa organização desenvolvia atividades de lazer, principalmente bailes, e tinha como plataforma "a união política e social da Gente Negra Nacional". Em 1936, a FNB transformou-se em um partido político, fato que levou a seu fechamento em 1937, quando foi instalado o Estado Novo, ditadura civil liderada por Getúlio

Vargas. A Legião Negra foi outra organização que, na época, surgiu para servir à Revolução Constitucionalista de São Paulo contra o governo de Getúlio Vargas, em 1932. A propaganda desenvolvida pelos constitucionalistas levou vários setores da sociedade paulistana a se mobilizarem, inclusive, homens negros que fundaram a Legião. O alistamento na Legião conseguiu arregimentar quinhentos membros que lutaram em várias frentes de batalha contra as forças do Governo Federal (GOMES, 2005).

A historiadora Emilia Viotti da Costa, em sua obra *Da monarquia à república*, afirmou que a Abolição nascera mais do desejo de libertar a nação dos malefícios da escravatura e dos entraves que esta representava para a economia em desenvolvimento, do que propriamente do desejo de libertar a raça escravizada em benefício dela própria no sentido de integrá-la à sociedade dos homens livres. Com a abolição abandonou-se a população de ex-escravos à sua própria sorte (COSTA, 1977. p. 450).

Levando-se em conta o sentido dado pela historiadora aos movimentos sociais do final do século XIX e início do XX, pode-se entender o significado que os quilombos passaram a ter na sociedade brasileira, um fenômeno historicamente pertencente ao passado, caracterizado como espaços de resistência da população negra.

> Atualmente, as comunidades remanescentes de quilombos ainda causam surpresa entre nós, quando surgem notícias sobre sua existência. Elas se espalham por praticamente todos os estados da federação e têm reivindicado o reconhecimento e a posse formal de suas terras.

Pela concorrência representada pelos imigrantes estrangeiros, o grande contingente populacional afrodescendente se dispersou entre os empregos de baixo *status* nas cidades e na periferia. Em terras mais distantes, formaram-se comunidades rurais que reproduziram e valorizaram as práticas culturais afro-brasileiras, vivendo-se das roças, do artesanato, da pesca e da caça, das coletas, das trocas, das festas e rituais comunitários.

Ainda que não totalmente isolados dos demais centros, os quilombos se mantiveram praticando o uso comum dos recursos, cujos traços ainda podem ser reconhecidos nas formações sociais de comunidades negras rurais e urbanas espalhadas pelo Brasil atual. São sociedades compostas por diversos grupos que criaram estratégias próprias de organização e de reprodução social com base na solidariedade intragrupal, criando uma identidade territorial com fronteiras bem definidas. Nessas comunidades, foram desenvolvidas relações solidárias em território construído coletivamente, com base numa linguagem e num conhecimento compartilhado. As práticas produtivas, tanto agropastoris quanto artesanais, envolvem o controle dos recursos básicos por meio de normas específicas instituídas de modo consensual. Em meio a essas relações sociais, vários grupos familiares compuseram uma unidade social, na qual a territorialidade funciona como fator de identificação, defesa e força.

Casa de Pilão.

Fazendo esteira com fibra de bananeira.

Trabalho cotidiano (carro de boi).

Trabalho com a mandioca.

As imagens expõem uma importante característica das comunidades quilombolas, a presença de autonomia técnica para se obter meios de manutenção ao se dedicarem às variadas atividades, Quilombos de Bananal e Barra, Parque Serra das Almas, BA.

Em 1978, dentre os vários movimentos sociais que ocorriam, surgiu o Movimento Negro Unificado (MNU), composto por estudantes universitários, jornalistas, artistas e profissionais liberais que participaram de discussões acerca do modelo de relações raciais vigentes no Brasil. Eles foram responsáveis pelo surgimento da expressão "remanescentes de quilombo".

As reivindicações do MNU e de outros movimentos similares refletiram na elaboração da Constituição de 1988, que consagrou uma valorização do direito de cidadania.

Pela ação de deputados constituintes, foram desenvolvidos meios para integrar os grupos considerados excluídos a partir de sua ancestralidade, entre eles, o dos remanescentes das comunidades quilombolas como sujeitos de direitos econômicos, sociais, culturais, civis e políticos.

A aprovação do artigo 68 refletiu as lutas empreendidas pelos diversos setores do movimento negro. Uma de suas conquistas foi o reconhecimento das comunidades remanescentes de quilombolas e o direito sobre as terras que habitam. Nesse artigo observou-se a intenção de *reparação histórica* diante da maneira pela qual foi conduzida a Abolição e o reconhecimento dos valores simbólicos ligados ao universo dos chamados remanescentes, sobretudo daqueles que representaram a resistência na escravidão. Além disso, nos artigos 215 e 216 defendeu-se o tombamento "dos documentos e sítios" relativos aos remanescentes dos quilombos.

Em 1988 foi criada a Fundação Cultural Palmares, o primeiro órgão do Estado brasileiro com a missão de intensificar políticas de ação afirmativa voltadas à população negra, entre elas a de difusão e proteção da cultura de matriz africana. Vinculada ao Ministério da Cultura, a fundação tem por finalidade contribuir para a valorização da cultura afro-brasileira, destacando sua importância como patrimônio nacional.

Para viabilizar a aplicação do artigo 68, os técnicos da Fundação Cultural Palmares e do Instituto Brasileiro de Patrimônio Cultural formam uma comissão que tem a tarefa de inventariar, identificar e propor o tombamento dos sítios e das populações afrodescendentes e das expressões da cultura afro-brasileira. Após os procedimentos que levam ao reconhecimento, essas comunidades passam a ser oficializadas como remanescentes de quilombos.

Como já foi assinalado, os grupos hoje considerados remanescentes de comunidades de quilombos se formaram a partir de terras e propriedades doadas ou adquiridas por grupos de famílias de ex-escravos. Há também os domínios correspondentes a antigos quilombos e áreas ocupadas por alforriados nas cercanias de antigos núcleos de mineração e ou de atividade agrícola que permanecem em isolamento relativo, mantendo regras coletivas de orientação de apropriação e o uso comum dos recursos. Os descendentes dessas famílias permanecem nas suas terras há várias gerações, sem desmembrá-las e sem delas apoderarem-se individualmente. Assim, parentesco e território, juntos, constituíram a base de uma identidade quilombola. Essas comunidades permanecem vivas por todo o território nacional.

> O conceito de quilombolas ampliou-se. São grupos que desenvolveram práticas de resistência, na manutenção e reprodução de seus modos de vida. A territorialidade e a identidade são definidas por uma referência histórica comum, construída a partir de vivências e valores partilhados, pela "sazonalidade das atividades agrícolas, extrativas e outras, e por uma ocupação de espaços que teria como base os laços de parentesco e vizinhança, assentados em relações de solidariedade e reciprocidade" (ARRUTI, 2006. p. 28. Adaptado).

A certificação das comunidades quilombolas é o primeiro passo para o reconhecimento da identidade da comunidade como remanescente de quilombo e a regularização de suas terras. A emissão do certificado é de responsabilidade da Fundação Cultural Palmares, que tem como atribuição legal realizar e articular ações de proteção, preservação e promoção do patrimônio cultural das comunidades remanescentes de quilombos.

O processo de certificação inicia-se quando a comunidade encaminha à Fundação Cultural Palmares toda a documentação sobre o quilombo: declaração de autodefinição de que são quilombolas, a base territorial de sua comunidade, dados sobre origem e número de famílias, tudo isso comprovado a partir tanto de notícias de jornais quanto de certidões judiciárias, ou seja, provas hábeis capazes de instruir o procedimento administrativo. A área certificada é submetida a um laudo antropológico, base de um Relatório Técnico de Identificação e Delimitação (RTID), e, sendo titulada, passa a ser concebida como uma propriedade coletiva, inalienável, impenhorável e imprescritível.

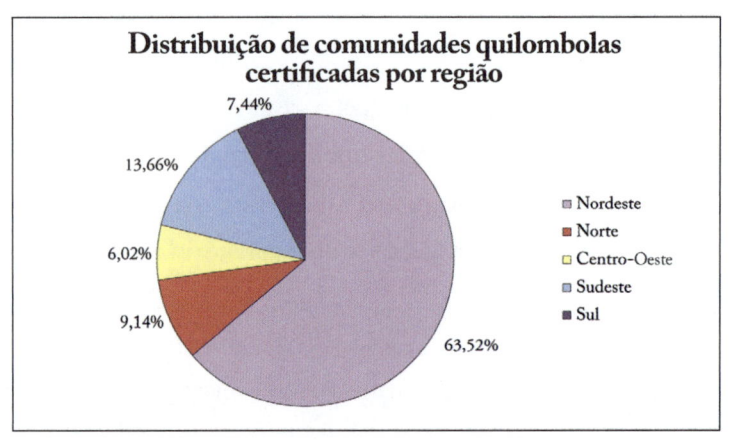

Distribuição de comunidades quilombolas certificadas por região

- Nordeste: 63,52%
- Norte: 9,14%
- Centro-Oeste: 6,02%
- Sudeste: 13,66%
- Sul: 7,44%

Fonte: www.presidencia.gov.br/seppir. Acesso em: 5 ago. 2012.

Alterar as condições de vida nas comunidades remanescentes de quilombos por meio da regularização da posse da terra, estimular seu desenvolvimento e apoiar as associações representativas são os objetivos do governo para promover o desenvolvimento sustentável dessas comunidades.

> A ocupação da terra pelos quilombolas não é feita em termos de lotes individuais, tal como usualmente. Os Instituto Nacional de Colonização e Reforma Agrária (Incra) operacionaliza lotes para os "sem terras". Nas terras quilombolas predomina seu uso comum, e a utilização dessas áreas obedece a critérios de sazonalidade das atividades, sejam agrícolas, extrativistas ou outras (HAESBAERT, 2004. p. 67).

Observa-se, assim, a diferença entre a certificação de um território quilombola e a reforma agrária. A terra para o quilombola é mais do que um bem econômico.

Para essas comunidades, terra e identidade estão intimamente relacionadas. É a partir da terra que se constituem as relações sociais, econômicas e culturais e são transmitidos os bens materiais e imateriais. Quilombolas privados de sua territorialidade ficam alienados de seu modo tradicional de vida e produção, consequentemente, correm o risco iminente de desaparecerem (LEITE, 1996. p. 45).

A conquista do território significa liberdade e um sonho de vida melhor. O território, muito além de ser um espaço físico, apresenta-se como um espaço de identidade do grupo ou de pertencimento a este, por meio de uma apropriação simbólica. Um quilombola pertence a um território, mas não o possui. Os viventes não são os únicos a ocupar o território, a presença dos espíritos ancestrais marca-o pela religiosidade. Enfim o território não diz respeito apenas à função ou ao ter, mas ao ser. Esquecer esse princípio espiritual e não material é se sujeitar a não compreender a violência trágica de muitas lutas (HAESBAERT, 1996. Adaptado).

A partir dos dados fornecidos pela Fundação Cultural Palmares e pelo Instituto Nacional de Colonização e Reforma Agrária (Incra), em 2012, as informações sobre a situação de quilombos e quilombolas apresentam os seguintes números:

- 1.948 comunidades identificadas em dados oficiais;
- 1.834 comunidades certificadas pela Fundação Cultural Palmares, sendo 63% delas no Nordeste;
- 1.167 processos abertos para titulação de terras no Incra;
- 193 comunidades tituladas, com área total de 988,6 mil hectares, beneficiando 11.991 famílias.

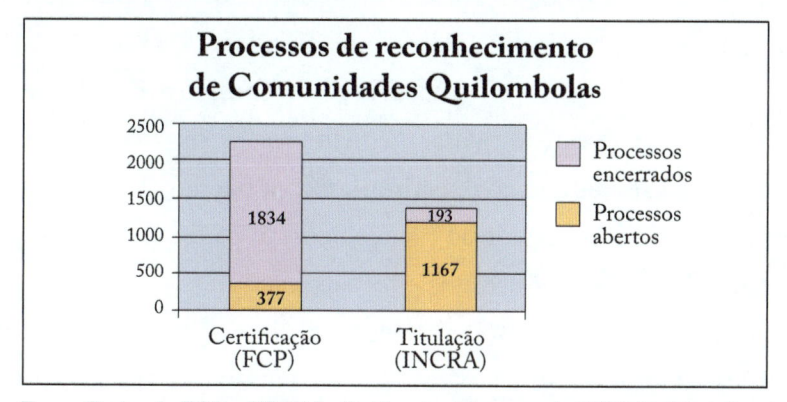

Processos de reconhecimento de Comunidades Quilombolas

Certificação (FCP)	Titulação (INCRA)
1834 (Processos encerrados)	193 (Processos encerrados)
377 (Processos abertos)	1167 (Processos abertos)

Fonte: Dados da FCP e INCRA. Gráfico de elaboração da SEPPIR/PR, julho de 2012.

O Programa Brasil Quilombola foi lançado em 12 de março de 2004, com o objetivo de consolidar marcos da política do Estado federal para as áreas quilombolas. O programa instituiu a Agenda Social Quilombola (Decreto nº 6261/2007), que agrupa ações voltadas às Comunidades Remanescentes de Quilombos em várias áreas, conforme se apresenta a seguir.

Eixo 1: ACESSO À TERRA – execução e acompanhamento dos trâmites necessários para a regularização fundiária das áreas de quilombo, que constituem título coletivo de posse das terras tradicionalmente ocupadas. O processo se inicia com a certificação da comunidade e se encerra na titulação, que é a base para a implementação de alternativas de desenvolvimento para as comunidades, além de garantir sua reprodução física, social e cultural;

Eixo 2: INFRAESTRUTURA E QUALIDADE DE VIDA – consolidação de mecanismos efetivos para destinação de obras de infraestrutura (habitação, saneamento, eletrificação, comunicação e vias de acesso) e construção de equipamentos sociais destinados a atender às demandas, notadamente às de saúde, educação e assistência social;

Eixo 3: INCLUSÃO PRODUTIVA E DESENVOLVIMENTO LOCAL – apoio ao desenvolvimento produtivo local e autonomia econômica, com base na identidade cultural e nos recursos naturais presentes no território, visando à sustentabilidade ambiental, social, cultural, econômica e política das comunidades;

Eixo 4: DIREITOS E CIDADANIA – fomento de iniciativas de garantia de direitos promovidas por diferentes órgãos públicos e organizações da sociedade civil, estimulando a participação ativa dos representantes quilombolas nos espaços coletivos de controle e participação social, como os conselhos e fóruns locais e nacionais de políticas públicas, de modo a promover o acesso das comunidades ao conjunto das ações definidas pelo governo e seu envolvimento no monitora-

> mento daquelas que são implementadas em cada município onde houver comunidades remanescentes de quilombos.
>
> (PROGRAMA BRASIL QUILOMBOLA.
> Disponível em: <www.presidencia.gov.br/seppir> – Acesso em: 5 ago. 2012).

Quilombos e Quilombolas

As comunidades de remanescentes de quilombos estão espalhadas por quase todo o território brasileiro, principalmente nas áreas rurais; mas é possível encontrá-las também em áreas periféricas e urbanas. Procuramos, até aqui, apresentar as razões do esquecimento a que essas comunidades foram relegadas no contexto da nossa história. A visibilidade dada a elas, a partir do final do século XX, deveu-se a vários fatores, dentre eles:

- expansão do "movimento negro" e suas manifestações de cunho nacional, como o 1º Encontro Memorial Zumbi, em Alagoas, 1980;
- manifestações do movimento negro por meio dos Encontros Estaduais e Nacionais de Mulheres Negras;
- Primeiro Encontro Nacional de Comunidades Negras Rurais Quilombolas, realizado em 1995, que deu origem à Comissão Nacional de Articulação das Comunidades Rurais Quilombolas, criada em 1996;
- comemoração em 1988 do centenário da Abolição, que motivou uma série de ações de protesto que denunciavam as condições de vida dos negros no país;
- promulgação da Constituição de 1988, que ao legislar sobre o direito de cidadania, ampliou a reorganização do Estado no campo das políticas sociais;
- participação do Brasil, em 2001, na III Conferência Mundial de Combate ao Racismo, realizada na cidade de Durban, na África do Sul, que incentivou o governo a criar no Brasil organismos para administrar a inclusão social;

- ratificação da Convenção 169 sobre os Povos Indígenas e Tribais da Organização Internacional do Trabalho em 2002. Decisões judiciais vêm confirmando a aplicação da referida convenção na proteção jurídica das comunidades quilombolas;
- criação, em 2003, da Secretaria Especial de Políticas de Promoção da Igualdade Racial – SEPPIR –, que, juntamente com a Fundação Cultural Palmares e o Incra, têm administrado meios para o conhecimento, certificação e titulação das comunidades remanescentes de quilombos.

Em defesa da identidade dos negros, contra a exclusão social, ao lado dos organismos governamentais, surgiram as Organizações não Governamentais, ONGs, nas quais pesquisadores, antropólogos, etnólogos, geógrafos e historiadores reconstroem a história dos setores que resistiram à escravidão e entre eles aqueles que formaram os quilombos.

Alguns exemplos de quilombos podem ser utilizados para ilustrar o que foi dissertado até então.

Quilombolas de Oriximiná – Pará

Terras quilombolas em Oriximiná, PA. Na região amazônica os territórios quilombolas do município de Oriximiná também representam a matriz africana no Norte do Brasil. Dedicam-se a atividades econômicas diversificadas: a agricultura, o artesanato e a extração da castanha.

Na Bacia do Rio Trombetas, localizada no município de Oriximiná, no estado do Pará, existem comunidades quilombolas que datam do século XVII, originadas da fuga de negros das fazendas de Óbidos, Santarém, Alenquer e

Belém. Por se tratar de uma região de florestas, o isolamento permitiu aos negros se manterem protegidos. Essas comunidades têm como principal característica a extensa rede de parentesco, o que permite uma ampla convivência entre os seus membros.

Distribuídos em nove territórios étnicos, às margens dos rios Trombetas, Erepecuru, Acapu e Cuminã, por ocasião da exploração da borracha e dos caçoais (fibras vegetais) ainda no início do século XX se deslocavam para fundar quilombos.

> Na região do Rio Amazonas, no estado do Pará, conhecida como Calha Norte, encontram-se sete terras quilombolas já tituladas, onde vivem 32 comunidades: Boa Vista, Água Fria, Trombetas, Erepecuriá e Alto Trombetas (no município de Oriximiná), Pacoval (no município de Alenquer) e Cabeceiras (em Óbidos). Outras 36 comunidades quilombolas, nos municípios de Oriximiná, Óbidos, Santarém, Alenquer e Monte Alegre ainda aguardam pela regularização de suas terras.
> Fonte: Disponível em: http://www.cpisp.org.br/pdf/Oriximina_PressoesAmea%C3%A7as.pdf.
> Acesso em: 21 out. 2012.

O número expressivo de comunidades quilombolas na região, no entanto, não inibiu a presença de empresas de exploração madeireira e mineral e os planos governamentais de exploração do potencial hidroelétrico dos rios que cortam a região. Sobre o desenvolvimento da Calha Norte do Pará, a coordenadora-executiva da Comissão Pró-Índio de São Paulo, Lúcia Andrade, afirma: "Acreditamos que índios e quilombolas juntos terão maior força para defender seus territórios e tentar garantir que os planos para desenvolver a região contemplem seu ponto de vista e seus direitos. Pois hoje o que se vê é que as decisões sobre concessões florestais, exploração mineral, criação de unidades de conservação e projetos hidroelétricos estão sendo tomadas sem a participação dos povos indígenas e quilombolas".

Quilombolas de Jamary dos Pretos – Maranhão

Transitando pela Região Norte identifica-se comunidades quilombolas do Pará. Chegando ao Nordeste, no município de Turiaçu, no litoral do Maranhão, encontra-se o povoado de Jamary dos Pretos. No começo do século XVIII, quando foi introduzido na região o plantio de arroz e algodão, surgiu o Quilombo de Jamary dos Pretos. É uma comunidade tradicional que se dedica a atividades extrativistas, e em suas terras rebaixadas, os pequenos agricultores se dedicam à produção de arroz no período chuvoso. A cultura do arroz é praticada na comunidade ainda de modo rudimentar, uma vez que a maior parte do arroz produzido serve para a subsistência familiar. Além de arroz, planta-se feijão, mandioca e milho, e por estarem localizados numa região de rios, a pesca é praticada no período da **piracema**.

A precariedade das condições físicas não inibe a presença de crianças na escola da Comunidade de Jamary dos Pretos, MA.

Piracema: palavra de origem tupi (saída de peixe), corresponde ao período de desova de algumas espécies de peixes, quando sobem os rios até suas nascentes para desovar.

Os quilombolas de Jamary, que desde os anos de 1960 lutavam contra os grileiros da região, em 2003 conseguiram do Instituto de Terras do Maranhão (Iterma) a oficialização da posse de parte das suas terras. Esse ato do Iterma demonstra a sensibilidade de governos estaduais em defesa da causa quilombola.

Em 2007, foi aberto no Incra o processo de regularização e titularização do restante de suas terras, que até 2012 se encontrava em tramitação.

Na comunidade de Jamary dos Pretos, como em outras comunidades, está presente a religiosidade católica mesclada da influência afro-brasileira. As festas de Nossa Senhora das Graças que ocorrem em dezembro são um exemplo desse misto de culturas, com a presença do tambor de crioula, que remete aos tempos da escravidão, quando os negros comemoram a conquista da liberdade.

Quilombolas de Mangal e Barro Vermelho – Bahia

A história de Mangal e Barro Vermelho remete aos tempos da produção açucareira e mineratória de finais do século XVIII e inícios do século XIX, no município de Sítio do Mato, região do médio São Francisco, na Bahia. Conforme tradição oral da região, a comunidade teria se originado de duas fazendas de gado, Tabuleiro e Mangal. No Segundo Império, época da promulgação da Lei de Terras, a população negra passou a ser expulsa da região. Graças a uma doação de terras de um dos herdeiros da Fazenda do Mangal a Nossa Senhora do Rosário, as famílias negras que ali residiam puderam permanecer e receber outros indivíduos expulsos de suas terras.

A atuação do Governo Federal, por meio da Superintendência de Desenvolvimento do Nordeste (Sudene), nos anos de 1970, trouxe uma nova ameaça devido à atuação de oportunistas que tentaram se apropriar das terras expulsando os quilombolas.

A partir da atuação do Governo da Bahia, reforçada pela política do Governo Federal em defesa da causa quilombola, os habitantes de Mangal e Barro Vermelho passaram a reivindicar a titulação de seu território, que foi concedida nos anos de 1999 e 2000.

Quilombolas de Campinho da Independência (Paraty) – Rio de Janeiro

A origem do Quilombo Campinho da Independência, localizado no município de Paraty, litoral do Rio de Janeiro está ligada a uma antiga fazenda que deu nome à comunidade. Na Fazenda Independência, durante o século XIX, de acordo com a tradição oral, três irmãs escravas se dedicavam a serviços domésticos na casa-grande. Com a abolição da escravidão, as três ex-escravas foram agraciadas pelo senhor com terras na localidade que deu início ao quilombo. Afirma-se que seus moradores até a atualidade são, quase em sua totalidade, descendentes dessas três mulheres.

Esse quilombo, nos anos 1990, após anos de reivindicação, tornou-se a primeira comunidade do estado a receber a titulação de suas terras pela Fundação Cultural Palmares e pela Secretaria de Assuntos Fundiários do Estado do Rio de Janeiro.

Localizado em uma região turística, Paraty, local do antigo porto de exportação de ouro, na atualidade recebe muitos visitantes, fato que proporciona aos moradores de Campinho da Independência dedicarem-se a atividades turístico-culturais nas quais montam roteiros com visitas à casa de artesanato, contação de história com o **griot**, visita à casa de farinha e núcleos familiares, além da tradicional feijoada com samba.

Associação dos Remanescentes de Quilombo de Santa Rita do Bracuí

Entre os quilombolas de Campinho da Independência, no estado do Rio de Janeiro, as manifestações culturais são comuns, envolvendo shows musicais e danças, oficinas, exposição de artesanato, por se localizar numa região turística, Paraty, antigo porto de exportação de ouro para Portugal no século XVIII.

Griot: detentor das tradições e responsável pela transmissão oral dos valores culturais de alguns povos africanos.

Quilombolas de Jaó – São Paulo

Quilombolas do Jaó são descendentes de escravos das fazendas da região, que logo após a abolição da escravidão se viram desiludidos por terem perdido meios de morar e comer.

No estado de São Paulo, município de Itapeva, está localizado o Quilombo de Jaó. Líderes da comunidade contam que após a abolição da escravidão a população negra ficou sem ter para onde ir e sem o que comer. Um fazendeiro da região encontrou quatro negros desolados após a assinatura da Lei Áurea e sem entender o motivo da desolação perguntou a eles, "agora foram libertos, o que vocês acham, gostaram?" Um dos líderes da comunidade, Hilário Martins, nos revela sua interpretação sobre a indagação:

> Não, eles acharam que para eles foi pior, que na escravidão eles sofriam, ficavam em ponto de morte, mas sabiam que tinham onde parar [morar], comiam, e quando foram libertados não tinham para onde ir, nem sabiam, nem entendiam ninguém, ninguém também levava interesse, o negro sempre foi o último, foi muito judiado, então não tinha valor, estava jogado como um cachorro. [...] Aí eles [os quatro negros] iam transmitindo para Honorato Carneiro aquele sentimento de que eles não tinham para onde ir, que eles estavam esperando

> a morte. [...] Quando o fazendeiro foi até a fazenda, não conseguiu dormir de dó deles, saber que os homens tinham de morrer na coxilha do campo, sem comer, sem beber... Voltou lá, conversou com eles, perguntou se eles queriam vir para a fazenda e então trouxe eles para a Fazenda da Lagoinha, que é a vizinha nossa aqui. [...] Ele adotou os negros e repartiu as terras para cada negro. (TURATTI, 2000. p.42-43).

Um desses negros recebeu um pedaço de terra anteriormente chamado Sítio da Ponte Alta, seu nome era Joaquim Carneiro de Camargo, casado com Josepha Paula Lima. O casal se estabeleceu nas terras em 1897 e teve 6 filhos. Com a morte de Joaquim Carneiro, Josepha se manteve nas terras e teve início a comunidade quilombola de Jaó. Seus moradores sobrevivem ainda hoje da agricultura, da criação de gado e de galinhas, além dos trabalhos informais em fazendas da região.

Fato cuurioso, em Jaó, havia um domínio reconhecido pela comunidade do direito feminino sobre a terra. De acordo com José Gomes da Silva, autor do Relatório técnico-científico sobre os remanescentes da comunidade de quilombo de Jaó, podemos explicar essa particularidade de duas formas: uma delas está ligada ao fato de D. Josepha ter tido cinco filhas e apenas um filho, o que teria legado às mulheres da família o controle da maior parte das terras; e a outra, é a verificação de que o trabalho na agricultura sempre foi uma atividade predominantemente praticada por mulheres neste quilombo, enquanto os homens se dedicavam a atividades remuneradas em fazendas vizinhas. Dona Malvina Alexandre Campos relata essa característica, em depoimento, no trecho a seguir:

> Toda vida, sempre, as mulheres estavam em frente. Tinha mulher aí que até arava, gradeava. No caso ali da D. Caliza, ela tem história para contar na vida dela; ela arava de burro, assim ó, cavalo assim, arava... elas [...] e pegavam foice, porque os homens não podiam por causa que iam para o serviço, então as mulherada entrava e ó, é foice, cavadeira, arado e assim fazia. (TURATTI, 2000).

A comunidade de Jaó em 2011 contava com 53 famílias (cerca de 450 pessoas), que ocupam uma área de aproximadamente 166 hectares. Em 2000, foram tomadas as primeiras medidas governamentais visando à titulação das terras em nome da comunidade. No mesmo ano, o Itesp visitou a comunidade e realizou o relatório técnico-científico de identificação dos limites do território. Em 2004 o Incra abriu o processo para regularização dessas terras, porém, até então a titulação não foi concedida, estando Jaó de posse, somente, da certidão de autorreconhecimento emitida pela Fundação Cultural Palmares.

Comunidade Quilombola Família Silva – Rio Grande do Sul

Concluindo, neste capítulo, de identificação de comunidades quilombolas pelo Brasil, chegamos ao Rio Grande do Sul e à sua capital, Porto Alegre, na qual se conhece a existência de cinco comunidades quilombolas: Alpes, Areal da Baronesa, Vila dos Sargentos, Família Fidélix e Família Silva.

A presença de comunidades quilombolas em centros urbanos causa certa estranheza, mas pesquisas atuais nos mostram que, nos séculos XVIII e XIX, essas comunidades, por se encontrarem em localidades estratégicas para a economia, com o aumento populacional e a urbanização, passaram a fazer parte de várias cidades brasileiras.

O Quilombo Família Silva e o Quilombo Alpes antes se encontravam na periferia da cidade e só com o passar do tempo passaram a integrar o perímetro urbano. O Quilombo Família Silva atualmente se localiza em um bairro de classe média alta chamado Três Figueiras e possui um território de 6.510,7808 metros quadrados. Segundo dados recentes do Incra, vivem na comunidade 12 famílias, todas aparentadas entre si.

Grande parte das mulheres da comunidade trabalha como doméstica nas casas vizinhas, enquanto os homens têm ocupações variadas, dentre elas, serviços de jardinagem, segurança/vigia etc. A comunidade cultiva ainda árvores frutíferas, ervas medicinais e plantas ornamentais que utiliza nos serviços de jardinagem.

O Quilombo da Família Silva se originou em 1940 com a chegada de seus fundadores a Porto Alegre. Naquela época, a região ocupada por aqueles negros era desvalorizada por estar distante do centro. Com o crescimento da cidade, o território quilombola passou a fazer parte do perímetro urbano em uma região valorizada.

Essa valorização teve início a partir da década de 1960 e, desde então, a comunidade se viu ameaçada pela possibilidade de expulsão de suas terras cuidadas por eles por mais de 60 anos. O assédio das empresas imobiliárias pelo terreno tornou-se um incômodo inevitável.

Todos os conflitos gerados pelo interesse alheio pelas terras quilombolas culminaram, também, em ações de cunho judicial por meio das quais algumas pessoas alegaram serem os reais donos da propriedade. Mesmo sem sucesso na justiça, alguns indivíduos, ao construírem mansões na região, não respeitaram a demarcação das terras, invadindo de forma ilegal o território quilombola.

Lesados pelas diversas investidas externas, a comunidade se mobilizou com o apoio de diversas instituições e organizações de cunho governamental e não governamental, em busca de seus direitos e da legalização definitiva da posse de suas terras.

Depois de muito batalhar pela legalização de suas terras, a comunidade conseguiu em 2004 que o Incra desse início ao processo de titulação. Em setembro de 2009, o processo se concluiu com a outorga do título à Comunidade Remanescente de Quilombos da Família Silva.

MANIFESTAÇÕES E PRÁTICAS CULTURAIS ENTRE OS QUILOMBOLAS

> A memória sobre a qual um grupo baseia a sua identidade pode alimentar-se de lembranças de um passado glorioso ou mesmo de um período de sofrimento. O passado legitima. O passado fornece um pano de fundo mais glorioso a um presente que não tem muito a comemorar. (BALLER, 2008. p. 23).

Desde os anos de 1980, a sociedade brasileira tem convivido com o processo de democratização ao defender os direitos civis e sociais para a realização de uma cidadania plena. Nesse contexto, seguindo uma tendência dos movimentos sociais, em um cenário de lutas, desenvolvem-se ações em defesa de sujeitos excluídos. Como já se identificou, na Constituição Federal de 1988, por ação do movimento negro e de setores comprometidos com as lutas da população negra brasileira, as comunidades remanescentes de quilombos foram reconhecidas como bem cultural nacional a ser protegido pela sociedade. Na atualidade, essas comunidades, apesar das pressões constantes contra a legislação vigente, contam com a atuação dos governos federal e estadual, além de ONGs que desenvolvem meios para se conhecer, valorizar e incluir essas comunidades. Elas permanecem relativamente agregadas e formam grupos sociais cuja identidade étnica as distingue do restante da sociedade por razão de uma ancestralidade comum, das formas de organização política e social próprias e de práticas culturais típicas. Assim se assiste a uma mobilização em torno do conhecimento e da proteção dessas comunidades que precisam ter seus saberes reconhecidos e respeitados, pois elas compõem a formação da cultura brasileira.

As culturas das comunidades remanescentes de quilombos em suas várias manifestações constituem-se de saberes que compreendem um conjunto de práticas cotidianas, agrícolas e ecológicas, ligadas à biodiversidade e às expressões artísticas e religiosas sob a forma de música, dança, cantos, atividades artesanais, desenhos, pinturas corporais, elementos de linguagem e festas.

Esses saberes, que não são estáticos, se transformam e continuam refletindo na formação social, tecnológica, demográfica e cultural brasileira, que, ao longo dos séculos, foi preservada e recriada. Esses saberes são representados pelos descendentes daquelas etnias que, no espaço territorial do Brasil, estabeleceram comunidades em diferentes regiões e contextos, preservando uma herança cultural e material de valor inestimável.

Vale identificar aqui o relato de membros da Associação de Moradores da Comunidade Quilombola de Campinho da Independência, Paraty, Rio de Janeiro, que expressa o processo de conscientização do que é ser quilombola nos dias de hoje.

> [...] eu me lembro de que a Neusa (Neusa Gusmão, pesquisadora) chegou, a gente estava fazendo farinha lá em casa, e ela conversou sobre a questão quilombola e tal, e tinha nas pessoas uma negação com relação ao conceito de quilombo, quilombola, porque as pessoas nunca viveram isso. Nunca pensaram nisso. Sabia até que era uma comunidade de preto, de negros: mas, quilombola, que é isso? Isso nunca existiu aqui. E ainda existe uma negação também enquanto negro, porque o negro no Brasil se nega. Negro que assume com orgulho esta questão é o negro politizado, que discute, compreende e assume. Agora, normalmente a nossa tendência, isso já me aconteceu, é de se negar, valorizar o branco. A questão quilombola também vem desse sentido: quilombo é de preto querendo esquecer isso! Eu vivi um pouco esse conflito, me lembro de alguns de meus parentes com esse conflito também. Quem abraça essa questão? A galera que estava no movimento, porque isso vem como uma identidade política: não sei se sou quilombola ou não, mas se isso traz direitos, eu quero! Tio Francisco e o pessoal assume isso e muda o foco da luta, do usucapião passa para o artigo 68 *das Disposições Constitucionais transitórias* (grifo nosso). (LIMA, 2008. p. 69)

Em 1999, o título da terra foi a glória, o fim de uma era e o início de outra. Costumo dizer que a luta por titulação se parece com a luta pela abolição. Algo que deveria mudar radicalmente a vida de quem luta, mas que na verdade não muda. Nosso título foi em 21 de março de 1999. Abolição foi em 13 de maio de 1888. Eu digo que o 22 de março de 1999 para a gente parece o 14 de maio daquele ano. O que aconteceu foi a necessidade de ter projetos aqui que dê vida a essa coisa. Aquela massa de negros largada no dia 14 de maio, se tivesse uma política de construção daquela sociedade, hoje a gente teria negros, cem anos depois, uma sociedade negra no Brasil com grana, reconhecimento, formação [...] bom, precisa ter alguma coisa aqui, se não vai servir para quê? *Daí vieram os projetos, sobretudo de valorização da identidade, porque tudo só tem sentido quando se tem a identidade, por que quilombola?...* tem toda uma história, tem raiz. Então, daí os projetos trouxeram o Campinho para o que o Campinho é hoje. (Entrevistas realizadas com Fátima e Marcos, membros da Associação de Moradores da Comunidade Quilombola de Campinho da Independência, em Paraty, RJ, em 17 de agosto de 2008 (grifo nosso). (LIMA, 2008. p. 71).

Os depoimentos de Fátima e Marcos demonstram o quanto é significativa a vida em grupo, a qual leva a lembranças coletivas que constroem a memória e possibilitam a formação de uma identidade.

Fátima e Marcos, ao se manifestarem, mostraram a importância que a identidade tem para conduzir um grupo à autoestima. Marcos enfatiza os projetos de *valorização da identidade*, "porque tudo só tem sentido quando se tem a identidade".

Por longos anos, indivíduos africanos e afrodescendentes transmitiram práticas culturais representadas por experiências de trabalho, lazer e religiosidade vividas por seus ancestrais. Essas práticas se tornaram relíquias culturais que, hoje, dão identidade aos quilombolas do território de Campinho da Independência, bem como às centenas de outros territórios quilombolas pelo Brasil.

A matriz africana, a partir da diáspora, sofreu transformações e permanências, ocasionadas em termos gerais pelo próprio processo histórico de escravização, mas também pelo meio ambiente, pelas relações políticas, pelas diferenças econômicas, experiências culturais unilaterais e, sobretudo, proporcionando identidade aos afrodescendentes pelas especificidades de suas trajetórias históricas.

INFLUÊNCIA DAS CORES E ESTILOS DAS VESTIMENTAS AFRICANAS NAS COMUNIDADES QUILOMBOLAS

Mesmo durante o tempo em que foram escravos, africanos e seus descendentes, por mais de quatrocentos anos, influenciaram a formação cultural brasileira. No alto, mulheres africanas. Embaixo, mulheres de comunidades quilombolas de Engenho II e Kalunga, Cavalcante, GO.

Os negros escravos conseguiram, em vários momentos, superar o mando dos senhores e construíram estratégias para atenuar o regime escravista ou fugir dele. Essas estratégias criaram espaços próprios de liberdade de pensamento e de expressão. A partir desses espaços de autonomia negociados ou adquiridos, o mundo de valores dos africanos pôde ser preservado, pois, mesmo diante da diversidade cultural das etnias que aqui chegaram, a matriz africana possui valores civilizatórios comuns que podem ser identificados na cultura brasileira.

As centenas de remanescentes quilombolas pelo Brasil ajudam a conhecer e a entender a presença de elementos africanos inseridos na cultura brasileira. Eles estão presentes nos modos de curar doenças, na forma de construir as casas, em valores estéticos, práticas culinárias, religiosidade, musicalidade e dança, que, em diálogo com os elementos culturais europeus, asiáticos, árabes e indígenas, compuseram a cultura dos brasileiros.

Manifestações culturais quilombolas

A matriz africana se manifesta na cultura brasileira de várias maneiras, nas festas pela musicalidade dos instrumentos de percussão, nas danças e nos quitutes da culinária reconhecidamente tradicional brasileira.

O antropólogo Raul Lody (2006) afirma que a matriz africana se expressa em muitas das maneiras de ser dos brasileiros: viver, apreciar a arte, comer, vestir ou mesmo dançar. Há um forte sentimento de integração entre a música, a dança e a comida. Para a valorização desse legado, é necessário acionar todos os sentidos. Segundo ele, as realizações estéticas estão no corpo, no objeto, na dança, na história contada oralmente, no vestir, nos sons cantados ou executados em instrumentos musicais, nas casas, nos templos e nas demais expressões que representam a brasilidade (LODY, 2006).

As expressões culturais nas comunidades quilombolas se manifestam pelo vigor e alegria do cotidiano, pois são guiadas pela ideia de força vital que pode ser traduzida em axé. A religiosidade é um exercício constante de respeito à vida e de doação ao próximo. Outros aspectos da matriz africana, como a circularidade, estão na percepção de que a vida é cíclica, podendo passar por um momento ruim e depois superá-lo, alcançando um estado satisfatório. A circularidade pode também ser observada na organização das moradias e nas manifestações de vários tipos de dança.

A oralidade, a musicalidade e a dança reafirmam a consciência lúdica em momentos de lazer e de trabalho como no trançado de palha, na modelagem do barro, no manuseio de pedras, madeiras e metais. A música e a dança estão associadas aos eventos comunitários, das rezas aos ritos de celebração, inclusive, o da morte que liberta a alma, das festas às brincadeiras, sempre guiados pelo som de instrumentos de percussão, como o atabaque, o afoxé, o tamborim, o agogô, o xaque-xaque, e alguns instrumentos de corda, como a rabeca e o berimbau.

A folia de reis, as congadas e o samba rural, dentre outras, são algumas das manifestações de festas típicas nas comunidades quilombolas. Nelas, aparecem os adornos corporais que valorizam cores e formas; os adornos permitem que as pessoas representem seus papéis sociais, que os fazem reconhecidos e integrados a seus grupos ao usarem colares, brincos, pulseiras, penteados revelando diferenças.

Essas expressões culturais estão presentes nas comunidades remanescentes de quilombolas, resultantes das tradições e da memória que formam suas identidades, permitindo a continuidade de um sentimento coerente de pertença e territorialidade.

Na religiosidade brasileira, fusão de crenças católicas e afro-brasileiras, há manifestações dominadas por festas em louvor ao menino Jesus, aos santos e às datas consagradas.

De origem portuguesa, a Folia de Reis acontece na época do Natal até o dia 6 de janeiro, consagrado os Reis Magos, representando a visita dos reis à Sagrada Família. A presença de mascarados identifica os perseguidores do menino Jesus. Os cantadores animam a folia com cantos e instrumentos musicais de origens culturais diversas.

A memória desses grupos recupera os silêncios da história, os acontecimentos trágicos e as lembranças que estão num mesmo espaço construindo suas identidades. Essa mesma memória tem reforçado sentimentos de pertença e motivado os quilombolas a lutarem pela união. Nas comunidades quilombolas estão presentes nas diferentes esferas da vida – no trabalho, no lazer nas festas e nas crenças – a reprodução de tradições seculares fundamentadas nas matrizes africanas em dialogo com elementos das culturas indígenas e europeias. As energias que emanam da existência fazem dos quilombolas atuais seres, no geral, cooperativos e perseverantes. O gosto pela fala representada pelos contadores de história traduz uma vida comunitária e familiar, que se estende além dos pais e filhos, agregando os demais parentes. Os quilombos representam uma territorialidade complexa e multifacetada pelo país afora.

A comunidade quilombola de Pontinha está localizada no município de Paraopeba, em Minas Gerais. A imagem representa aspectos do cotidiano de seus habitantes em número de 240 núcleos familiares, totalizando mais ou menos 2000 pessoas.

Quilombolas de Oriximiná

Para identificar manifestações culturais e atividades de manutenção dos quilombolas, voltemos ao Quilombo de Oriximiná, na região amazônica. A coleta da castanha-do-pará é um dos elementos da identidade étnica dos remanescentes de quilombolas de Oriximiná e denota uma característica concebida por eles próprios como delimitadora da fronteira étnica entre eles e os demais setores da população rural da região dedicada preferencialmente à agricultura e à pecuária. Por isso mesmo, os quilombolas de Oriximiná comumente se autodefinem como "castanheiros".

Os castanhais – bem como as demais áreas de extrativismo, as zonas de caça e ainda os rios e os lagos onde se pratica a pesca – são considerados pelos quilombolas como um bem de uso comum. Isso significa que qualquer integrante da comunidade tem o direito de explorar os recursos naturais dessas áreas. A terra é usada de modo comunitário, obedecendo a regras calcadas na tradição e no consenso, compartilhadas pelas diversas unidades familiares. Uma dessas regras é a proibição da destruição de castanheiras.

Na época do inverno amazônico (tempo das chuvas), os quilombolas de Oriximiná, Pará, deslocam, por vezes, famílias inteiras para as matas a fim de realizar a coleta da castanha.

As áreas de residências e dos roçados localizadas às margens dos rios e dos lagos são ocupadas no verão. Nessa época, eles se dedicam mais às atividades agrícolas e à pesca. No inverno, que na região amazônica é o período das chuvas, muitos quilombolas, por vezes famílias inteiras, se deslocam para as matas para fazer a coleta da castanha.

Os quilombolas de Oriximiná ao conseguir a titulação de seus territórios fizeram valer o direito de posse das áreas de extrativismo.

A atividade de extração da castanha, no entanto, carece de meios de transporte e de condições para armazenar a produção. Assim, os quilombolas acabavam dependendo de intermediários (conhecidos como "regatões"), que compravam a castanha por preços irrisórios e vendiam o produto a preços abusivos. Para enfrentar essa situação, a Associação das Comunidades Remanescentes de Quilombos e a Comissão Pró-Índio de São Paulo estruturaram o Projeto Manejo dos Territórios Quilombolas, em 1998.

Atualmente os quilombolas contam com uma estrutura de transporte, comunicação e armazenamento que tem possibilitado a venda da castanha diretamente para a usina de beneficiamento em Oriximiná, Óbidos e Belém.

Por meio do Projeto Manejo desenvolve-se também o artesanato do quilombo, que oferece às mulheres uma alternativa de geração de renda com a produção de peças artesanais confeccionadas com o **ouriço** da castanha-do-pará, sementes e cipós.

Quilombolas de Jamary dos Pretos – Maranhão

A comunidade de Jamary dos Pretos, no Maranhão, é um exemplo expressivo de valorização da ancestralidade e da memória representadas por quatro troncos familiares formadores. Ela se manteve pelos laços hereditários de uma genealogia que remonta aos tempos da escravidão e por renovações a cada geração, o que permite agrupá-los pelo menos em quatro linhas de descendência, de acordo com a pesquisadora Eliane Cantarino O'Dwyer: os Mafras, os Ribeiros, os Sousas e os Soares.

Eles também se identificam pelas localidades de procedência, mencionando as antigas fazendas escravocratas de onde vieram, entre elas, as fazendas de Santana, Cajual, Bom Jesus, Santa Cruz, Tapera de Sinhadona e Santo Antônio. Os sobrenomes dos moradores de Jamary vêm da época da escravidão, pois foram incorporados dos sobrenomes de seus antigos senhores.

Ao relatar sua vida em 2002 à pesquisadora Eliane Cantarino O'Dwyer, Dona Severa, uma quilombola de noventa e seis anos, na época, mostra o valor da memória entre os habitantes de Jamary dos Pretos. Ela inicia sua história falando sobre os pais, Marciano Mafra e Rita Soares.

Em suas palavras: "Meu pai vinha da fazenda Cajual, dos tempos da escravatura, era caçador para os brancos, vivia metido na mata, meio liberto para poder levar todo tipo de caça para os brancos, que o respeitavam" (O'Dwyer, 2002. p. 192). Sua mãe nasceu na região de Jamary. Dona Severa afirma que sua família vivia entre dois povoados, o de Jamary e o de Cajual,

Ouriço: fruto da castanheira.

pois, neste último seu pai havia plantado, ainda no período da escravidão, um cafezal que ajudava em seu sustento. Com a conquista da liberdade, a plantação passou a ser o seu sustento. "Explicou que seu pai se considerava herdeiro das terras do Cajual, tendo herdado também a assinatura (sobrenome) Mafra dos antigos senhores" (O'Dwyer, 2002. p. 192).

Também Jamary é considerado um povoado que se formou a partir de moradias de pretos livres. Dona Severa relata aos seus entrevistadores:

"Seu moço, já trabalhei muito de roça, botava tudo, arroz, algodão, milho, gergelim, carrapato, batata, cará. Quebrei muito coco de babaçu, que era vendido para um barraqueiro do povoado que já morreu e que comprava o coco quebrado para um patrão de Turiaçu". O coco quebrado de babaçu, segundo nos explicou, era levado no lombo de animais até o porto de Gurita, onde era embarcado em canoas a remo para o porto de Turiaçu ou Santa Helena. Até pouco tempo atrás ela morava na localidade dentro da sede do povoado conhecida pelos moradores como Arrudá, onde, enquanto pôde e a idade permitiu, plantou muito babaçu, todas plantas suas, para comer e fazer óleo. Perguntamos-lhe por que o babaçu era sua planta, ao que nos respondeu, sorrindo, se não sabíamos que "planta era tudo que a gente semeia e colhe, e mato era produto da natureza, aquilo que estava na natureza, como as palmeiras e coqueirais e os paus grandes de madeira". Passamos então a falar das festas. Dona Severa abriu um sorriso e foi dizendo: "É verdade eu era de festa, fui dançadeira de tambor, daquelas que dançavam tocando um tamborete pequeno amarrado na cintura, como era antigamente. Dancei muita rabeca, quadrilha, ronca, mas nada disso existe mais do jeito que era. Já dancei o jurado, que a gente dançava sozinha estalando os dedos, havia muitas festas naqueles tempos, as famílias faziam festa para seu santo, a festa da padroeira durava quatro, cinco dias, e era tudo de graça, não como hoje, que temos que ter dinheiro, se não não se come, não se bebe, não se dança, não há dinheiro que baste. As crianças não eram como hoje, não podiam ir à festa, tinham que brincar em separado, a gente matava boi, socava muito arroz, e cada um trazia sua farinha, a garapa era dada pelo juiz da festa, que sabia quem podia beber e quanto. Toquei muita caixa [tambor], muito tamborete, nas festas antigas, a festa do dia de São Benedito, a festa do Divino, e a festa para Nossa Senhora... Hoje tudo isto está fraco". (O'Dwyer, 2002. p. 192)

Os festejos da padroeira

A religiosidade dos quilombolas, como de grande parte da sociedade brasileira, é praticada num misto de religião católica e dos cultos de origem africana. Há divergências entre os pesquisadores: uns explicam que essa mistura veio do fato de que, por muito tempo, os negros tiveram de esconder seu culto aos orixás e, mesmo após a abolição da escravatura (1888), tiveram de assumir perante a sociedade que eram católicos. Outros pesquisadores preferem dizer que, ao longo do processo de mudanças mais geral que orientou a constituição das religiões dos deuses africanos no Brasil, os cultos aos orixás e os de outras divindades africanas misturaram-se aos cultos dos santos católicos para se tornarem brasileiros, definindo-se nesses movimentos uma integração de valores religiosos, conhecida pela expressão sincretismo religioso (FERRETI, 1995. p. 27).

Em Jamary celebra-se, em 31 de dezembro, a festa comemorativa de Nossa Senhora das Graças. Essa festa dura até quatro dias, atraindo gente de todos os povoados próximos, inclusive parentes que se mudaram para a capital do estado, São Luís, ou para outras capitais, como Belém do Pará. Caracterizam a festa as novenas, a procissão com a imagem da Santa, o mastro enfeitado com oferendas e a preparação de uma mesa com comidas e bebidas para os participantes do evento. No decorrer de três dias de festejos participam cantadores, músicos e dançadeiras de Tambor de Crioula. No mastro enfeitado, tremula uma bandeira com a figura de uma pomba. Qualquer um pode retirar uma das oferendas presas no mastro, mas, ao fazê-lo, é detido e obrigado a pagar certa quantia em troca da liberdade. O divertimento é certo e o dinheiro recolhido se destina ao pagamento dos gastos, guardando-se a sobra para as festas do ano seguinte (O'Dwyer, 2002. p. 200-201).

Atualmente, o oferecimento de bebidas e comidas foi substituído por barraquinhas de venda devido ao aumento da participação popular nos festejos. Reserva-se para os juízes da festa um grande almoço em respeito à tradição.

A religiosidade desses quilombolas fazia com que ocorressem várias festas de famílias em honra de seus santos padroeiros. Hoje, esses festejos se concentram na festa em louvor da padroeira da cidade. A apresentação do Tambor de Crioula está sempre presente nessas comemorações. Leia a seguir a transcrição de uma letra do Tambor de Crioula:

> *Oi, morena, vamos bailar, oi, morena, vamos bailar...*
> *Oi, morena, vamos bailar, em terra de boiador, morena, vamos bailar.*
> *Oi, morena, vamos bailar, oi, morena, vamos bailar...*
> *em terra de plantador, morena, vamos bailar...*
> *em terra de tanta dor, morena, vamos bailar...*
> *Oi, morena, vamos bailar, oi, morena, vamos bailar...*
> *em terra de cantador, morena, vamos bailar...*
> *A boca da mata cantou... cantou...*
> *boca da mata cantou... vamos lá... cantou e cantou...*
> *vamos lá... ei, vamos lá... eu vou... eu vou...*
> *A boca da mata cantou... oi, olhe lá... a boca da mata cantou...*
> *Oi eu vou já...*
> *Os encantos da mata acordou... vamos lá, e lá...*
> *na boca da mata que cantou....olhe lá.*
> *Cantou, cantou, cantou,*
> *boca da mata cantou, olhe lá,*
>
> (O'Dwyer, 2002. p. 192).

Além das festas religiosas de influência católica, tem destaque no povoado de Jamary a prática do Tambor de Mina, religião de origem afro-brasileira.

> ## TAMBOR DE MINA
>
> A origem do nome vem da importância que o instrumento tambor tem nos rituais afro-brasileiros e da denominação dada aos escravos africanos trazidos da costa leste do Castelo de São Jorge da Mina (onde atualmente localiza-se a República de Gana), Togo, Benin e Nigéria, que também eram conhecidos como mina-jejês e mina-nagôs.
>
> Essa religião, voltada para a ancestralidade, é um culto de caráter reservado, sendo obrigatória uma iniciação. Poucos são os integrantes que recebem os graus elevados ou iniciação completa. Em alguns recintos sagrados do culto, somente os mais graduados podem penetrar. Nas sessões, no início do transe, a entidade dá muitas voltas ao redor de si mesma, no sentido contrário ao dos ponteiros do relógio, talvez para firmar o transe, numa dança de bonito efeito visual. Normalmente quando o médium entra em transe, recebe um símbolo, como uma toalha branca amarrada na cintura ou um lenço, denominado pana, enrolado na mão ou no braço.
>
> (Disponível em: <http://vodunabeyemanja.blogspot.com.br/2012/08/povo-fon.html>. Acesso em: 12 set. 2012.

Quilombolas do Mangal e Barro Vermelho – Bahia

Os laços de parentesco e os núcleos familiares fortes são elementos importantes nas relações de comunidades quilombolas. Nas Comunidades Remanescentes de Quilombo Mangal e Barro Vermelho, localizadas no município de Sítio do Mato, região do médio São Francisco, esses dados foram fundamentais para o reconhecimento dessas comunidades como remanescentes de quilombo, pois, segundo o laudo antropológico, há dois elementos fundamentais para o reconhecimento de um quilombo: o parentesco e o território.

A vida em família, a formação e a manutenção de redes de parentesco representam uma conquista entre os aquilombados; na família, a proteção e a solidariedade ajudaram a superar as dificuldades tornando o ambiente propício para a manutenção e a transmissão de tradições culturais.

Os quilombolas dessas comunidades descendem principalmente dos troncos Lobo e Gomes, formando mais ou menos 130 famílias ligadas entre si pelos casamentos entre primos de primeiro e segundo graus. A exceção está entre os que casaram com pessoas de fora, prática relativamente recente na comunidade. Representantes dos Lobo e dos Gomes dividem o poder na comunidade e, apesar da presença de conflitos, eles se unem em defesa de objetivos comuns.

Na antiga história do Mangal, dona Gertrudes, da família Lobo, é uma referência importante. Ela aparece na narrativa dos moradores como a pessoa que doou meia légua de terra a Nossa Senhora do Rosário. Pertencer a uma família doadora de terra para a comunidade é um importante status, pois significa ter a origem atrelada à própria história da terra.

Da família Gomes, o antepassado mais antigo citado nos relatos orais e que ocupa espaço de poder é dona Tontom. Ela foi a pessoa honrada com a entrega da imagem de Nossa Senhora do Rosário. Desde então, a família Gomes passou a ser a responsável por cuidar da Igreja. Alguns membros da família Gomes praticam o Saravá, uma manifestação religiosa com forte influência do candomblé.

De acordo com a pesquisadora Sandra Nivia Soares de Oliveira, o Mangal possui duas manifestações culturais importantes repletas de elementos e evocações simbólico-religiosas: a Marujada, dança originária de Portugal, que é quase sempre dançada para pagar promessas ou em louvor a um dos santos padroeiros; e a Roda de São Gonçalo, que ocorre em agradecimento a boas colheitas.

À frente da Marujada está a família Lobo, enquanto a família Gomes lidera a Roda de São Gonçalo. Os ritos religiosos representados nessas comemorações não estão dissociados do aspecto lúdico, do prazer de dançar, comer, beber e (co)memorar. Essas manifestações no Mangal, tal como ocorre nas festas das outras comunidades quilombolas, não podem ser compreendidas sob a ótica da tradição cristã que coloca em dimensões opostas o sagrado e o profano. Ali o que ocorre é a comunicação de uma experiência própria do grupo, com suas marcas, com suas emoções e que não pode ser explicada fora dele.

O modo de perpetuar a cultura por meio da Marujada, da Roda de São Gonçalo e do Reisado é apreendido de forma natural pelas crianças, acompanhando o próprio ritmo do viver regido por um tempo e um espaço próprio da comunidade em uma lógica que nem sempre pode ser compreendida de fora do quilombo. As crianças aprendem seus papéis e a hora de exercê-los, porque lhes é permitido conhecer o legado dos mais velhos, recriando-o no presente (OLIVEIRA, 2006. p. 81-90).

Quilombolas do Leitão/ Umbuzeiro – Pernambuco

A comunidade negra situada no semiárido do Alto Pajeú, no município de Afogados da Ingazeira, a 385 km da capital de Pernambuco, é constituída por um universo de 120 pessoas que se autodeclaram descendentes de africanos.

As uniões matrimoniais civis e, especialmente, religiosas sempre foram realizadas seguindo os parâmetros de relações de parentesco. Conforme o relato de um entrevistado, no passado era difícil encontrar um parceiro ou parceira que não fosse da comunidade. Esse fato estava relacionado aos obstáculos impostos pela caatinga. Segundo ele:

> Era difícil casar fora. Era primo, só não casava irmão com irmão (risos), mas era primo com primo, o tio com sobrinha [...]. anda pouco, né? [...] Quando

havia uma festa, aí juntava, era mais o pessoal de família mesmo. Tava namorando um pouco, já tava casando (SILVA, 2010).

Somente em 2004 os moradores do Leitão foram reconhecidos como quilombolas. A principal atividade econômica da comunidade é a agricultura de subsistência na produção de sementes de milho, feijão, fava, mandioca. Na lavoura é dominante a presença de arrimos de família, sejam homens, mulheres ou jovens.

Sobre as origens do quilombo, reza a história de que eles são descendentes de negros que partiram do município de Garanhuns, por meio de caminhos, rotas e "fluxos migratórios de fuga" dos quilombolas históricos da República dos Palmares. Em levantamentos feitos pelo Centro de Cultura Luiz Freire (2008), essa versão pode ser considerada, pois, na análise de mapas geográficos de Pernambuco e Alagoas, a República de Palmares, atual União de Palmares, distancia-se de Garanhuns em apenas 103,9 km.

Sobre dificuldades de viver no quilombo, representantes do Centro Cultura Luiz Freire, ao entrevistarem quilombolas, registraram:

> Rapaz, aqui era muito ruim. As portas vinheram se abrindo um pouquinho, de 1995 pra trás aqui era casca grossa, porque primeiro, estrada não tinha. Começa por aí. Água, energia, não tinha. Aí depois, 1995 foi fundada a Associação [Rural de Umbuzeiro e Leitão], aí depois, através da Associação, foi abrindo uns caminhos. Veio primeiro a estrada, depois foi construído esse salãozinho pelo Sedape Teve a energia solar, a primeira energia daqui foi a energia solar, aí foi melhorando um pouco, foi como aí foi começando a melhorar. Depois veio as cisternas, aí já foi melhorando. Depois da energia solar, aí eles falaram, no governo de [Miguel] Arraes: vai vim energia de rede! A gente não acreditava, ôxi! Mais, graças a Deus, depois da Associação fundada e as reuniões que tiveram, porque primeiro tem que se reunir, porque tem que discutir o problema da Comunidade. Graças a Deus e 1995 pra cá tá um Deus. Tá bom agora. (SILVA, 2010)

As conquistas da Associação Rural de Umbuzeiro e Leitão, chamada Arul pela comunidade, têm sido relevantes no que se refere à infraestrutura, melhorias no acesso com a construção de estrada; casas sanitárias, poços, cisternas, entre outras; a preservação de seus bens culturais pelo Projeto Parceiros da Terra (2001).

A visita do então Ministro da Cultura, Gilberto Gil, em 2004 e a divulgação pela imprensa do lançamento do projeto federal Arca das Letras – implantação de biblioteca em territórios rurais – com o lançamento do CD *Cantos do semiárido*, com o Grupo de Coco Negros e Negras do Leitão e da Banda de Pífaros do Sítio Leitão da Carapuça, deu aos quilombolas maior visibilidade.

Atualmente, os quilombolas se dedicam a atividades não agrícolas, fazem o recolhimento da castanha-de-caju, submetida ao processo de manufatura artesanal para servir ao mercado. Na fábrica de Leitão do Umbuzeiro, uma associação de base familiar, sob a orientação da Arul, os quilombolas têm qualificado a apresentação da castanha-de-caju, concebendo embalagem e rótulo que valorizam sua origem socioambiental e assegurando aos consumidores qualidade de fabricação.

A marca tem cores representativas do território e do clima no qual trabalham e moram, além de imagens que reportam ao passado longínquo de caçadores ou coletores para legitimar suas raízes. Nesse sentido, observa-se uma adaptação das necessidades do *marketing* às preocupações identitárias.

A castanha-de-caju "Mãos Crioulas" é distribuída e comercializada na região e na capital, Recife. O produto é encontrado também em outros estados participando de feiras de agropecuária.

O trabalho cooperativo dos quilombolas de Leitão do Umbuzeiro na extração da castanha-de-caju e seu beneficiamento tem levado o produto a outros estados da federação.

No estudo feito sobre o modo de vida dos quilombolas, pode-se verificar que, em sua maioria, eles vivem ligados a atividades agropastoris e têm diversificado suas atividades relacionando-as com os recursos naturais de valor comercial, como nas atividades artesanais e de caráter extrativista. Ao se observar esses aspectos, é interessante o quanto pode ser inviável uma interpretação dos quilombos na atualidade como redutos do passado, e dos quilombolas como isolados das sociedades urbanas.

A atividade extrativista da castanha-de-caju alcançou entre os quilombolas de Leitão do Umbuzeiro um estágio comercial que permite a eles um constante relacionamento com as sociedades urbanas.

Novos olhares sobre os quilombos e quilombolas

O estudo sobre quilombolas, em vários momentos, surpreende pela diversidade e pelo grau de complexidade. Os remanescentes de quilombos estão presentes em todo o Brasil. Uma parte das comunidades que agrupam afrodescendentes se constituíram em alguma época no tempo da escravidão. Outras foram resultantes do lento processo histórico de desagregação da escravidão; outras ainda foram formadas a partir de agregados resultantes da exclusão ocorrida com a abolição (1888) que se espalharam pelas periferias e matos distantes de qualquer povoado para fugir da possibilidade de opressão.

O estudo sobre os quilombolas permitiu a identificação de sentimentos variados sobre o ser quilombola: quilombolas que desconheciam suas origens; reações em negação ao ser quilombola, cujo termo carrega o estigma da descendência escrava e de um passado trágico de exclusão; e outros que, ao contrário, passaram a se autoafirmar com o uso do termo quilombola.

Historicamente, foram construídas várias interpretações de especialistas e pesquisadores sobre a existência de quilombos e formações quilombolas no Brasil. Entre elas podemos identificar:

- a constituição de quilombos como uma tentativa nostálgica de reprodução do modo de vida africano;
- quilombos como espaços históricos de resistência política, como o de Palmares, representando uma luta contra a escravidão,
- a interpretação dos quilombos como espaços de revolta de escravos, tidos, agora, como sujeitos ativos reagindo contra os seus senhores. Esse novo olhar foi apropriado pelo Movimento Negro Unificado, MNU, que ressignificou o Quilombo de Palmares, valorizando a atuação de Zumbi como representante de um movimento de resistência física e cultural da população negra.

Na atualidade, o quilombo passou a significar um espaço de convivência, livre, solidário e fraterno entre negros. Assim não se refere a resíduos ou resquícios arqueológicos de ocupação temporal ou de comprovação biológica. Também não se trata de grupos isolados ou de populações estritamente homogêneas. Nem sempre foram constituídos por movimentos de rebeldia. Sobretudo, em sua maioria, são grupos que se estabeleceram em um território e desenvolveram práticas cotidianas de resistências na manutenção e na reprodução de modos de vida característicos. A identidade desses grupos não se define pelo tamanho nem pelo número de membros, mas pela experiência vivida e versões compartilhadas de suas trajetórias comuns, responsáveis pela continuidade do grupo (ARRUTI, 2012).

O historiador e antropólogo social José Maurício Arruti (2012), que reconstruiu no tempo as várias interpretações dadas à existência de quilombos e quilombolas, relata que em 20 de novembro de 1981, dia da Consciência Negra, representantes da Igreja do Recife, Pernambuco, na Missa dos Quilombos, decidiram pedir perdão por seu posicionamento histórico sobre a África e sobre os negros. Outros exemplos de releitura que levaram a preservação de bens culturais afro-brasileiros são: o Terreiro de Candomblé da Casa Branca em Salvador, Bahia, e a Serra da Barriga, onde existiu o Quilombo dos Palmares e que atualmente é o Parque Memorial Quilombo dos Palmares, ambos tombados como Patrimônio Histórico Nacional.

Parque Memorial Quilombo dos Palmares na Serra da Barriga, em Alagoas. Reconstrução da Casa da Farinha do Quilombo, inspirada em referências históricas.

REFERÊNCIAS BIBLIOGRÁFICAS

ALENCASTRO, Luiz Felipe. *História da vida privada no Brasil* 2. São Paulo: Companhia das Letras, 1997. V. 2, p. 121.

AMANTINO, Márcia. Sobre os quilombos do sudeste brasileiro nos séculos XVIII e XIX. In: FLORENTINO, Manolo; MACHADO Cacilda (Org.) *Ensaios sobre a escravidão*. Belo Horizonte: Editora UFMG, 2003.

ANJOS, Rafael Sanzio Araújo dos. *Quilombolas*: tradições e cultura da resistência. São Paulo: Aori Comunicação, 2006.

ARAÚJO, Emanoel (Org.). *Museu afrobrasil*: um conceito em perspectiva. São Paulo: Instituto de Políticas Públicas, 2006.

ARRUTI, José Maurício A. *Mocambo*. Antropologia e história do processo de formação quilombola. Bauru: Edusc, 2006.

ARRUTI, José Maurício. *Quilombos*. Disponível em: <http://www.slideshare.net/FrancilisEnes/arruti-jose- quilombos>. Acesso em: 15 ago. 2012.

BAIOCCHI, Mari de Nasaré. *Kalunga*: povo da terra. Brasília: Ministério da Justiça, Secretaria de Estado dos Direitos Humanos, 1999.

BALLER, Gisele Inês Baller. *Espaços da memória e construção de identidades*: estudo de dois casos na região de Colonização alemã no Rio Grande do Sul, 2008. Disponível em: <http://hdl.handle.net/10183/14927>. Acesso em: 5 set. 2012.

BRASIL. CONSTITUIÇÃO DA REPÚBLICA FEDERATIVA DO BRASIL DE 1988. Disponível em:<http://www.amperj.org.br/store/legislacao/constituicao/crfb.pdf>. Acesso em: 10 jul. 2012.

CAMPOS, Raimundo. *Grandezas do Brasil no tempo de Antonil (1681-1716)*. São Paulo: Atual, 1996.

CARRIL, Lourdes. *Quilombo, favela e periferia*: a longa busca da cidadania. São Paulo: Annablume/Fapesp, 2006.

CARVALHO, José Murilo. *Cidadania no Brasil, o longo caminho*. Rio de Janeiro: Civilização Brasileira, 2001.

CENTRO DE CULTURA LUIZ FREIRE. *Princípios da educação quilombola*. Olinda: Centro de Cultura Luiz Freire, 2008.

COSTA, Emília Viotti da. *Da monarquia à república*: momentos decisivos. São Paulo: Grijalbo, 1977.

COSTA, R. V. Cultura e patrimônio cultural na Constituição da República de 1988 – a autonomia dos direitos culturais. *Revista CPC*, São Paulo, n. 6, p. 21-46, maio/out. 2008.

CUNHA JÚNIOR, Henrique.*Tecnologia africana na formação brasileira*. Rio de Janeiro: CeaP, 2010.

ERMAKOFF, George (Coord.). *O negro na fotografia brasileira do século XIX*. Rio de Janeiro: Casa Editorial, 2004.

FARIA, Sheila de Castro. *A colônia em movimento*: fortuna e família no cotidiano colonial. Rio de Janeiro: Nova Fronteira. 1998.

FERRETTI, Sérgio Figueiredo. *Repensando o sincretismo*: estudo sobre a casa de minas. São Paulo: Edusp, 1995.

FLORENTINO, Manolo (Org.). *Revista: Afro-Ásia*, n. 31, p. 83-126, 2004.

FUNDAÇÃO CULTURAL PALMARES. *Ano internacional dos povos afrodescendentes*. Brasília: Gráfica Editora Brasil Ltda., 2011.

FUNES, Eurípedes A. *Nasci nas matas nunca tive Senhor*: história e memória dos mocambos no baixo Amazonas. São Paulo: USP, 1995. Tese de doutorado em História Social.

GEHLEN, Ivaldo; RAMOS, Ieda Cristina Alves (Org.). *Estudo quanti-qualitativo da população quilombola do município de Porto Alegre/RS*. Porto Alegre: RGUFRGS/FAURGS – FASC, 2008.

GOHN, Maria da Glória. *Novas Teorias dos Movimentos Sociais*. São Paulo: Edições Loyola, 2009.

GOMES, Flávio dos Santos. *A hidra e os pântanos*: mocambos, quilombos e comunidades de fugitivos no Brasil (XVII-XIX). São Paulo: Editora Unesp, 2005.

GOMES, Flavio dos Santos. *Negros e política (1888-1937)*. Rio de Janeiro: Jorge Zahar Ed., 2005.

GONÇALVES, Ana Maria. *Um defeito de cor*. São Paulo: Editora Record, 2006.

GUIMARÃES, Carlos Magno. Mineração, quilombos e Palmares – Minas Gerais no século XVIII. In: REIS, João José; GOMES, Flávio dos Santos. *Liberdade por um fio*: história dos quilombos no Brasil. São Paulo: Companhia das Letras, 1996.

HAESBAERT, Rogério. *O mito da desterritorialização*. Do fim dos territórios a multiterritorialidade. Rio de Janeiro: Bertrand Brasil, 2004.

HASENBALG, Carlos. *Discriminação e desigualdades raciais no Brasil*. Belo Horizonte: Editora UFMG; Rio de Janeiro: IUPERJ, 2005.

INSTITUTO BRASILEIRO DE GEOGRAFIA E ESTATÍSTICA. *Brasil*: 500 anos de povoamento. Rio de Janeiro: IBGE, 2000.

LEITE, Ilka Boaventura. Território negro em área rural e urbana – algumas questões. *Textos e Debates*. Florianópolis, NUER/UFSC, Ano 1, n. 2, 1991.

LIMA, Lívia Ribeiro. *Quilombos e políticas de reconhecimento*: o caso do Campinho da Independência. 2008. 174f. Dissertação (Mestrado em Antropologia). Universidade de São Paulo. Programa de Pós-Graduação em Antropologia Social.

LODY, Raul. Beleza e identidade – Sobre os patrimônios afrodescendentes. In: BRANDÃO, Ana Paula (Coord.). *Saberes e fazeres*: modos de ver. Rio de Janeiro: Fundação Roberto Marinho, 2006. (A cor da cultura).

MACHADO, Cristina Gomes. *Multiculturalismo*: muito além da riqueza e da diferença. Rio de Janeiro: DP&A, 2002.

MAESTRI, Mário. *Uma breve história do Rio Grande do Sul*: da pré-história aos dias atuais. Passo Fundo: Ed. da Universidade de Passo Fundo, 2006.

MAGNOLI, Demétrio. *Uma cota de sangue*: história do pensamento racial. São Paulo: Contexto, 2009.

O'DWYER, Eliane Cantarino (Org.). *Quilombos*: identidade étnica e territorialidade. Rio de Janeiro: Editora FGV, 2002. p. 192-208

OLIVEIRA, Sandra Nívia Soares de. *De mangazeiros a quilombolas*: Terra Educação e Identidade em Mangal e Barro Vermelho. 2006. 180f. Dissertação (Mestrado em Educação). Universidade Estadual da Bahia, Departamento de Educação, Salvador.

PASSOS, Walter de Oliveira. *Bahia*: terra de quilombos. Disponível em: <http://afrobrasileira.multiply.com/>. Acesso em: 15 ago. 2012.

RAMOS, Alberto Guerreiro. *Introdução crítica à sociologia brasileira*. Rio Grande do Norte: UFRN, 1995.

REIS, João José; GOMES, Flávio dos Santos. *Liberdade por um fio*: história dos quilombos no Brasil. São Paulo: Companhia das Letras, 1996.

SALLES, Ricardo H; SOARES, Mariza de C. *Episódios de história afro-brasileira*. Rio de Janeiro: DP&A/Fase, 2005.

SCHWARCZ, Lilia Moritz. *Usos e abusos da mestiçagem e da raça no Brasil*: uma história das teorias raciais em finais do século XIX. Disponível em:<http://www.afroasia.ufba.br/pdf/afroasia_n18_p77.pdf>. Acesso em: 23 ago. 2012.

SILVA FILHO, Edson et al. *A contextualização histórica e geográfica dos quilombos do campo grande*. Disponível em: <https://www.ufmg.br/rededemuseus/crch/simposio/SILVA_FILHO_EDSON_ET_AL.pdf>. Acesso em: 20 ago. 2012.

SILVA, Antônio José da. *Cotidiano e atividade laboral na Comunidade de Leitão/Umbuzeiro*: depoimento em jan. 2010. Entrevistador: Alfredo Sotero Alves Rodrigues. Sítio Leitão, Afogados da Ingazeira, 2010. Entrevista gravada em formato MP3.

THORTON, John. *A África e os africanos na formação do mundo atlântico 1400-1800*. Rio de Janeiro: Elsevier, 2004.

TURATTI, M. C. M. *Relatório técnico-científico sobre os remanescentes da comunidade de quilombo de Jaó, município de Itapeva - SP*. São Paulo: Itesp, 2000.

WLAMYRA, R. de Albuquerque; FRAGA FILHO, Walter. *Fugas, quilombos e revoltas escravas*. Uma história do negro no Brasil. Salvador: Centro de Estudos Afro-orientais; Brasília: Fundação Cultural Palmares, 2006.

DEPOIS DE LER

Para pensar, refletir e discutir

- Com a leitura dos depoimentos apresentados neste livro, é possível abordar questões tão variadas como: sustentabilidade nas comunidades quilombolas; turismo histórico; identidade e autoestima quilombolas; (sub)empregos fora da comunidade; história e memória quilombola (escravidão, fundação da comunidade quilombola, genealogia); protagonismo das mulheres nos quilombos históricos e nas comunidades atuais etc. Escolha um desses tópicos e faça uma relação com as especificidades da narrativa histórica quilombola e suas atuais demandas.

- Embora as comunidades quilombolas não estejam isoladas, ainda há lógicas e referenciais que lhes são próprios. Essa percepção pode ser verificada com na leitura dos capítulos 3 e 4. Assim, relacione e dimensione a importância dos aspectos que indicam os contatos e vínculos com o mundo escravista, uso coletivo da terra, parentesco como base das relações sociais etc.

- Os capítulos 3 e 4 também mostram uma radiografia da situação atual das comunidades quilombolas ao apresentar histórico da legislação e depois confrontá-lo com alguns marcadores sociais recentes. Alguns dados são alarmantes, como o fato de a maioria da população remanescente de quilombo viver em situação de extrema pobreza (75,6% em 2012). Discuta as prováveis causas dessa situação e proponha modos de superá-la.

- Os dados atuais e ocorrências descritas em notícias e reportagens sobre as comunidades quilombolas, muitas vezes, contrariam os direitos quilombolas estabelecidos na legislação vigente. Com base nesses materiais e na legislação descrita ao longo do livro, confronte a situação dos quilombolas brasileiros com a Declaração Universal dos Direitos Humanos. Disponível em: < http://portal.mj.gov.br/sedh/ct/legis_intern/ddh_bib_inter_universal.htm>. Acesso em: 21 de out. de 2012.

Sugestões de leituras

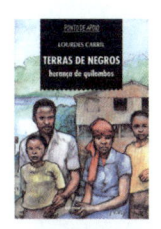

TERRAS DE NEGROS, HERANÇA DOS QUILOMBOS – LOURDES CARRIL, EDITORA SCIPIONE (1997). Este livro analisa a situação das comunidades remanescentes de quilombos, que até pouco tempo se mantinham isoladas e atualmente vêm se integrando ao meio rural brasileiro.

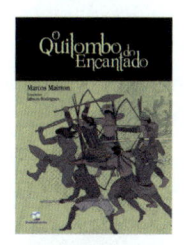

O QUILOMBO DO ENCANTADO – MARCOS MAIRTON, EDITORA CONHECIMENTO (2011). O romance histórico conta uma história de lutas, conquistas e construção de identidades. Colonizador e colonizado convivendo num mesmo espaço geográfico, entre conflitos e perseguições, tendo de aprender a respeitar a cultura e o modo de viver um do outro, na luta pela sobrevivência.

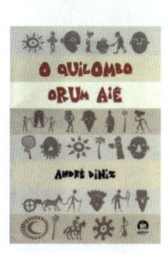

O QUILOMBO ORUM AIÊ – ANDRÉ DINIZ, EDITORA GALERA RECORD (2009). Livro em formato de quadrinhos. Capivara é o apelido de um menino escravo que cresceu ouvindo falar de um quilombo, onde não há guerra, fome nem doenças, e todos vivem em paz com a natureza. Após uma perigosa revolta de escravos em Salvador, ele resolve que é a hora de tentar achar o mítico Quilombo Orum Aiê e finalmente reencontrar seu pai.

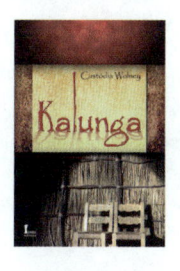

KALUNGA – CUSTÓDIA WOLNEY, EDITORA ÍCONE (2011). Uma mulher, uma história, uma vida. O retrato da origem de um povo e o valor de sua cultura. A luta da comunidade Kalunga, remanescente de quilombos, contada pela experiência vivida por uma personagem que resgata a cultura, as tradições, as lendas e a religiosidade.

OS QUILOMBOS E A REBELIÃO NEGRA – CLÓVIS MOURA, EDITORA BRASILIENSE (1985). Esta obra fala sobre o negro fugido nas suas variadas formas de comportamento, isto é, que se transformou em uma das forças que dinamizaram a passagem de uma forma de trabalho para outra, ou seja, a passagem da escravidão para o trabalho livre.

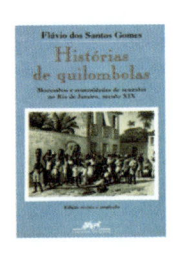

HISTÓRIAS DE QUILOMBOLAS, MOCAMBOS E COMUNIDADES DE SENZALAS NO RIO DE JANEIRO, SÉCULO XIX – FLÁVIO DOS SANTOS GOMES, EDITORA COMPANHIA DAS LETRAS (2006). O livro retrata o mundo interligado das senzalas e dos quilombos no Rio de Janeiro do século XIX.

O SEGREDO DO REI AMBRÓSIO – MARIA SALOMÉ REIS ALVES DE LIMA E TARCÍSIO JOSÉ MARTINS – PUBLICAÇÃO PATROCINADA PELO MUNICÍPIO DE CRISTAIS/MG (2009). Obra de ficção que tem por objetivo levar às crianças uma atualização sobre reminiscências quilombolas do estado de Minas Gerais.

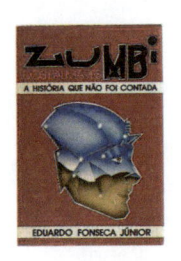

ZUMBI DOS PALMARES, A HISTÓRIA QUE NÃO FOI CONTADA – EDUARDO FONSECA JÚNIOR – Christiano Editorial (1988). Este livro relata uma história das injustiças praticadas contra os negros no Brasil.

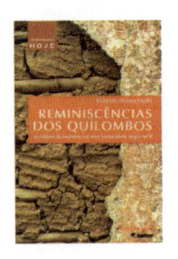

REMINISCÊNCIAS DOS QUILOMBOS, TERRITÓRIOS DA MEMÓRIA EM UMA COMUNIDADE NEGRA RURAL – MARCELO MOURA MELLO, EDITORA TERCEIRO NOME - FAPESP. Este livro reconta a trajetória histórica e a formação territorial da comunidade negra rural de Cambará (localizada entre Cachoeira do Sul e Caçapava do Sul/RS), priorizando as narrativas, visões e experiências de homens e mulheres do local em distintos contextos.

O MARIMBONDO DO QUILOMBO – HELOISA PIRES LIMA, EDITORA AMARILYS (2010): infantil. A ginga do muleke é fazer o carcará o levar de volta ao reino de Zambi. Foi num cochilo que as garras do pássaro o retiraram de lá. Daí, a busca por algo perdido pelo muleke, o seu reino; o carcará, o seu calango. E o marimbondo? Ah! Este registra a história para não a perder também.

Venha aterrizar em meio aos cristais das terras kalungas, brincar com o eco das cavernas dos quilombos de Eldorado ou escorregar no baobá gigante de Quissange. O Marimbondo do Quilombo é como um cafuné a mediar repertórios afro-brasileiros.

Sugestões de filmes

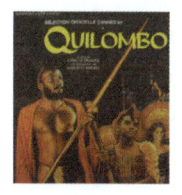

QUILOMBO. Filmado em 1984, retrata como era a vida no Quilombo de Palmares numa época de dificuldades devido ao enfrentamento com a opressão portuguesa.

TERRA DEU, TERRA COME. Filme de Rodrigo Siqueira, apresentado no Festival Internacional de Documentários "É tudo verdade 2010", aborda aspectos culturais da comunidade remanescente de Quilombo Quartel do Indaiá, distrito de Diamantina, Minas Gerais.

PAÍS DOS QUILOMBOS. Produzido em inglês em 2005 por Leonard Abrams, o filme tem duração de 83 minutos. Sua primeira versão em português ocorreu em 2008. Está presente ao longo do filme a ideia de que, pelos quilombos de hoje, é possível conhecer e registrar a histórica luta de resistência dos descendentes de africanos no Brasil por suas terras e sua cultura material e imaterial.Os quilombos em foco estão localizados no Maranhão (próximos da cidade de Itapecuru), na Ilha de Marajó (em torno da cidade de Salvaterra) e na bacia do rio Trombetas (na Amazônia).

FILME QUILOMBOS DA BAHIA. Filme documentário, concluído em 2006 após três anos de pesquisa e trabalho de campo. O cineasta Antonio Olavo, diretor do documentário, percorreu, com uma equipe de seis pessoas, mais de 12 mil quilômetros, filmando em 69 comunidades negras do estado da Bahia.

COMUNIDADES QUILOMBOLAS – FERROUS. O vídeo produzido pela Tutano Filmes registra a história e as tradições das comunidades quilombolas Cacimbinha e Boa Esperança, de Presidente Kennedy (ES) e Deserto Feliz e Barrinha, de São Francisco de Itabapoana (RJ). O passado delas remonta aos escravos que se recusavam a trabalhar de maneira forçada nas fazendas de café e cana-de-açúcar da região. Disponível em: <http://www.youtube.com/watch?v=RMWyDOAPxyE>. Acesso em: 24 out. 2012.

QUILOMBO DA FAMÍLIA SILVA. Documentário de 14 minutos, dirigido por Sérgio Valentim, sobre a Comunidade Remanescente de Quilombo da família Silva em Porto Alegre – RS. O filme tem uma importância ímpar no processo de autoreconhecimento dos quilombolas e mostra aspectos como o modo de vida, a relação com o território e a luta contra o racismo e a discriminação de uma comunidade quilombola que está hoje situada no bairro mais nobre da capital do Rio Grande do Sul. Disponível em: Parte 1 <http://www.youtube.com/watch?v=jreElnj3Oog&feature=relmfu> Parte 2 <http://www.youtube.com/watch?v=5lDHRYyKqvo>. Acesso em: 24 out. 2012.

PROGRAMA PAPO AFINADO – COMUNIDADE DOS ARTUROS. Apresentado pelo músico Rogério Henrique, o Papo Afinado é um programa de TV e *web* que oferece uma programação ligada aos movimentos artísticos e culturais, aos movimentos populares, entre outras expressões da arte. Produzido por Caturra Digital. Disponível em: <http://www.youtube.com/watch?v=XFXFCRlzifI>. Acesso em: 24 out. 2012.

Sites para consulta

O *site* do Instituto Geledés publica notícias, artigos, livros, fotos e vídeos que divulgam e valorizam a cultura afro-americana no Brasil e no mundo.
www.geledes.org.br

No *site* da Secretaria de Políticas de Promoção da Igualdade Racial é possível acessar notícias, dados recentes e relatórios acerca das políticas públicas implementadas recentemente.
http://www.seppir.gov.br/

Link sobre quilombolas do Instituto Nacional de Colonização e Reforma Agrária (Incra) contendo informações legais acerca da questão fundiária.
http://www.incra.gov.br/index.php/estrutura-fundiaria/quilombolas

Diagnóstico do Programa Brasil Quilombola julho/2012.
http://www.seppir.gov.br/destaques/diagnostico-pbq-agosto

Site sobre as comunidades remanescentes de Quilombo do Vale do Ribeira. Além de apresentar um histórico e dados atuais de cada comunidade da região, é possível consultar dados sobre economia e turismo nessas localidades.
http://www.quilombosdoribeira.org.br/content/1

Link da Fundação Cultural Palmares com mapa interativo no qual é possível visualizar a localização estadual e municipal das comunidades quilombolas, bem como acessar a listagem de comunidades já tituladas.
http://www.palmares.gov.br/quilombola/